철학학교 2

철학학교 2

초판 1쇄 발행 2004년 7월 15일 ᛁ **초판 14쇄 발행** 2023년 3월 30일 ᛁ **지은이** 스티븐 로 ᛁ **옮긴이** 하상용 ᛁ **삽화** 김태권 ᛁ **펴낸이** 강일우 ᛁ **편집** 강일우 김종곤 이성혜 ᛁ **미술·조판** 정효진 신혜원 ᛁ **펴낸곳** (주)창비 ᛁ **등록** 1986년 8월 5일 제85호 ᛁ **주소** 10881 경기도 파주시 회동길 184 ᛁ **전화** 031-955-3333 ᛁ **팩시밀리** 영업031-955-3399 편집031-955-3400 ᛁ **홈페이지** www.changbi.com ᛁ **전자우편** ya@changbi.com

한국어판 ⓒ 창비 2004
ISBN 978-89-364-7093-7 03100
ISBN 978-89-364-7989-3 (전2권)

철학학교

스티븐 로 지음·하상용 옮김·김태권 삽화

2

창비

일러두기

1. 외국의 인명과 지명은 현지 발음에 따라 우리말로 표기하고 원어를 병기
   했다.
2. 독자의 이해를 돕기 위해 원서의 내용 중 일부를 우리 실정에 맞게 바꾸
   었다.

책머리에

여러분은 다음과 같은 궁금증을 가져본 적이 있나요? 세계는 어디에서 시작되었을까? 기계는 생각할 수 있을까? 시간여행은 가능한 것일까? 아기들을 유전적으로 조작하는 것은 도덕적으로 허용될 수 있을까? 이러한 생각을 해보았다면, 여러분은 이미 철학적으로 생각하기 시작한 겁니다. 나는 이 책에서 이런 철학적 문제와 수수께끼들을 쉽게 이해할 수 있도록 짧고 어렵지 않게 소개하려 합니다. 쉽고 재미있는 내용을 읽다 보면 핵심적인 논증과 아이디어를 두루 섭렵할 수 있을 겁니다.

철학은 무엇일까?

철학은 정확하게 무엇일까요? 철학은 어떤 문제들을 다룹니다. 먼저 주목할 점은, 이 문제들이 **과학으로는 해결할 수 없을** 정도의 깊이가 있다는 거지요.

제1권의 1장에서도 소개하겠지만, 가장 깊이있는 철학적 수수께끼들 중 하나는 바로 이것입니다. 왜 아무것도 없는 게 아니라 **무엇인가가 있는가?** 왜 세계는 존재하지 않는 게 아니라 존재하는 것인가? 천체물리학자들은 세계가 빅뱅에서 시작되었다고 말할 겁니다. 그러나 이 대답은 단지 수수께끼의 풀이를 뒤로 미루는 것일 뿐입니다. 여전히 문제가 남아 있기 때문이죠. 과학자들은 왜 빅뱅이 있었는가, 왜 아무것도 없는 게 아니라 무엇인가가 있는지를 설명하기 위해 어떤 가정(假定)을 합니다. 물론 그러한 가정에도 설명이 필요하지요. 과학은 왜 어떤 것들이 존재하는지에 대한 수수께끼를 해결해줄 수 없습니다.

도덕적 문제들도 과학이 대답할 수 없는 중요한 문제들입니다. 아기들을 유전적으로 조작하는 문제에 대해 생각해보죠. 과학은 언젠가는 그것을 가능하게 할 겁니다. 그러나 과학은 왜 우리가 **그렇게 해야만 하는지**에 대해서는 말해주지 않습니다.

철학자들은 그런 문제들과 씨름하고 있지요. 그들은 과학이 대답해줄 수 있는 범위 너머에 있는 깊이있는 문제들과 씨름하고 있습니다.

물론 철학만이 이런 문제들을 다루는 것은 아닙니다. 종교도 이런 문제들 중 많은 부분에 대하여 답을 주지요. 종교는 신이 세계를 창조했다는 식으로 세계의 존재를 설명하려 합니다. 그리고 종교는 우리에게 많은 도덕적 명령을 내립니다. 예컨대, 『성경』에는 도둑질·살인·동성애를 금지하는 구절이 있습니다.

그렇다면 철학과 종교는 어떻게 다를까요? 철학이 종교와 다른 특징 중의 하나는, 철학은 본질적으로 **합리적** 활동으로 여겨진다는 점입니다.

철학자늘은 이 문제들에 대한 자신의 대답을 정당화하는 데 관심을 가집니다. 종교도 이에 대해 답을 하려고 하지만, 설득력있는 논거를 제시하려는 노력을 항상 하지는 않습니다. 흔히 종교적인 대답들은 그 종교의 권위자를 통해 이어내려져 신앙 내지 신념으로 수용됩니다. 바로 여기에서 철학과 종교가 뚜렷이 구분되지요.

어떤 것에 대하여 철학적 입장을 정하기는 아주 쉽습니다. 세계가 어디에서 시작되었는지 나에게 물어본다면, 가령 나는 더피(Duffy)라는 큰 바나나가 세계를 창조했다고 아주 쉽게 대답할 수 있습니다. 물론 문제는 내 대답이 실제로 **올바르다**는 근거들을 제시할 수 있느냐에 달려 있지요. 서구의 전통에서는, 자신의 철학적 입장을 정당화할 수 없다면 그 사람의 철학적 입장에 대해서는 누구도 관심을 가지지 않습니다. 만약 내가 바나나 더피가 세계를 창조했다는 주장에 대한 합리적 근거를 제시하지 않는다면, 어떤 철학자도 나의 견해를 진지하게 받아들이지 않을 겁니다. 그리고 그것은 매우 올바른 일이죠.

근거?
그런 거 왜
따지는 거야?

Duffy

DUFFY

근거를 제시하지 않으면 철학이 아닙니다.

철학을 삶에 적용하기

사람들은 철학이 일상생활과 어떤 관계가 있는지를 묻곤 합니다. 아마도 철학과 일상생활에는 사람들이 생각하는 것보다 훨씬 깊은 관계가 있을 겁니다.

비록 철학을 공부한 적도 들어본 적도 없다고 하더라도 우리는 수많은 철학적 믿음들을 지니고 삽니다. 예를 들어, 그것을 경험하는 사람들이 전혀 없을 때에도 물리적 대상이 여전히 존재한다는 믿음을 생각해보죠. 이 믿음은 우리 모두가 공유하는 거예요. 그럼에도 불구하고 이것은 **철학적** 믿음입니다. 18세기의 철학자 죠지 버클리(George Berkeley)가 이 철학적 믿음을 의심했다는 사실은 유명하죠.

다른 예들도 어렵지 않게 찾을 수 있습니다. 죽은 뒤의 삶에 대한 믿음도 철학적 믿음입니다. 죽음이 끝이라는 믿음 또한 철학적 믿음이죠. 대부분의 사람들은 도덕이 단지 주관적 선호의 문제일 뿐이라고 생각하지 않습니다. 예컨대 우리는 갓난아이를 죽이는 것은 옳지 않다고 믿습니다. 그것은 단지 우리에게만 **옳지 않은** 것이 아닙니다. 그것은 **그렇게 생각하지 않는 사람들에게도 옳지 않습니다.** 이 믿음 또한 철학적 믿음입니다. 그리고 신을 믿지 않는 것과 신을 믿는 것 역시 철학적 믿음입니다.

이러한 많은 믿음들은 매일매일의 삶에 직접적인 영향을 미친답니다. 예를 들어, 환생(還生)을 믿는 사람이 있다고 해보죠. 그 사람은 이 믿음 때문에 환생을 믿지 않는 사람과 완전히 다른 종류의 생활을 하게 될 겁니다. 그에게는 죽음에 대한 두려움이 거의 없을 수도 있습니다. 또한 진정으로 도덕이 개인적인 선택의 문제일 뿐이라고 믿는 사람이 있다고 해보죠. 아마도 그들은 보통 사람들보다 훨씬 쉽게 사기나 도둑질 같은 범죄를 저지를 겁니다. 이처럼 우리의 철학적 태도는 우리의 삶을 형성하는 데 근본적인 역할을 합니다.

철학은 우리가 수많은 실용적인 문제들을 해결할 수 있도록 도와줍니다. 특히 우리가 해야만 하는 것, 해서는 안되는 것에 대해서는 더욱 그렇죠. 이 책에서는 구체적인 예를 많이 다룰 겁니다. 몸이 붙어 있는 쌍둥이아기 중 한 명을 구하기 위해 다른 한 명을 희생하는 것은 옳은가? 동성간의 성행위는 도덕적으로 허용될 수 있는가? 아이들을 종교학교에 보내야만 하는가? 육식은 도덕적으로 옳은가? 여러분은 이 모든 문제들이 약간의 철학적 사고를 거쳐 어떻게 밝혀지는지를 보게 될 겁니다.

철학적으로 생각해야 하는 또다른 이유들

심지어 철학이 일상생활과 직접적인 관련이 없어 보인다고 하더라도 철학은 여전히 가치가 있습니다.

대부분의 사람들은 아주 좁은 영역의 관심사만을 가지고 살아갑니다. 빌린 돈을 어떻게 갚아야 할까, 새 자동차를 사야 할까, 저녁 식사로 무엇을 준비할까 등에 대하여 걱정합니다. 그러나 우리가 철학적으로 생각하기 시작할 때, 우리는 한걸음 뒤로 물러나 더 넓은 그림을 볼 수 있게 됩니다. 이전에는 당연하게 생각했던 것들을 검토하고 음미하기 시작합니다.

한걸음 뒤로 물러나본 적이 없는 사람들, 즉 인생에 대해 아무런 검토도 음미도 하지 않는 사람들은 깊이가 얕은 사람일 뿐 아니라, 잠재적으로는 매우 위험한 사람이 될 수 있습니다. 20세기의 가장 큰 교훈 중 하나는, 인간이 아무리 '문명화'된다고 해도 도덕적으로는 '어린 양'이 되기 쉽다는 점입니다. 우리는 주위 사람들의 도덕적인 인도(引導)를 아무런 의심 없이 쉽게 따르곤 합니다. 나찌스에

평생을 권위와 통념에 맞서 싸운 철학자 소크라테스(기원전 470?~399)는 "음미되지 않는 삶은 살 가치가 없다"라는 비장한 말을 남겼답니다.

서 르완다에 이르기까지 사람들이 얼마나 쉽게 맹목적으로 휩쓸려 가는지를 발견할 수 있습니다.

약간의 철학적 훈련을 함으로써 얻을 수 있는 장점은 이외에도 많답니다. 철학적 훈련은 독립적으로 생각할 수 있게 해주고, 남들이 당연하게 여기는 것에 대해 의문을 제기할 수 있는 능력을 부여합니다. 또한 여러분이 도덕적 입장을 정할 때 용기를 낼 수 있도록 도와주기도 하죠. 철학자이자 교수인 조너선 글러버(Jonathan Glover)는 영국의 유명한 신문 『가디언』(*The Guardian*)과 한 인터뷰에서 이렇게 지적합니다.

만약 여러분이 나찌스의 압제에서 유대인을 숨겨준 사람들을 본다면, 여러분은 그들에게서 보통 사람들과는 다른 점을 많이 발견할 것입니다. 그중 하나는 그들이 보통 사람들과는 다른 종류의 가정교육을 받았다는 겁니다. 그들의 가족은 그들을 권위적이지 않은 방식으로 키웠고, 다른 사람들에 대해 동정심을 가지도록, 그리고 그저 자기들이 들은 대로 하는 게 아니라 사물에 대해 토론할 수 있도록 교육했습니다.

글러버는 "사람들을 합리적이고 비판적으로 생각하도록 가르치는 것은, 잘못된 이데올로기를 대하는 사람들의 태도에 실제로 영향을 미칩니다"라고 덧붙였지요. 물론 비판적으로 생각하도록 격려받으며 자란 사람들이 함정에 빠지지 않으리라는 보장은 없습니다. 그러나 글러버도 지적했듯이, 가장 큰 위험은 자율적이고 비판적으로 생각하는 사람들의 사회에서 생기는 것이 아니라, 반성하지 않는 도덕적인 '어린 양'들의 사회에서 생긴다고 나는 믿습니다.

또한 여러분이 중요한 문제들에 대해 다소 엄격하게 생각하면서 기른 능력은 매우 많은 곳에 응용될 수 있을 겁니다. 중고차를 살 것인지, 욕실에 타일을 새로 붙일 것인지, 또는 누구에게 투표할 것인지 등에 대해 고민할 때가 생길 겁니다. 그럴 경우 간결한 논증을 체계화하고, 복잡한 추론을 제대로 따라가며 논리적 결점을 찾아내는 능력은 큰 도움이 됩니다. 백번 양보해도, 그러한 능력은 교활한 자동차판매상, 사이비 종교단체, 돌팔이의사, 그리고 만병통치약 판매자의 농간에 빠지지 않도록 여러분을 평생 지켜줄 겁니다.

철학이 키워주는 반성하는 태도와 능력은 여러분의 삶의 질을 한층 높여줄 겁니다.

＊이 책을 쓴 스티븐 로 선생님은 철학 관련 웹싸이트를 운영합니다.
＊http://www.thinking-big.co.uk

'철학학교'에 오신 것을 환영합니다. 이제 여러분은 철학이 매우 재미있다는 것을 알게 될 겁니다.

철학은 다소 두려운 것일 수도 있어요. 세계는 어디에서 시작되었을까? 우리는 가상현실에 빠져 있는 통 속의 두뇌일 뿐이지 않을까? 옳고 그름은 단지 주관적인 견해의 문제일까? 시간여행은 과연 가능할까? 언젠가는 기계도 생각을 할 수 있게 되지 않을까? 이런 의문을 품을 때, 여러분은 아주 이상하고도 몹시 어려운 문제들에 대해 생각하기 시작할 거예요. 철학적으로 생각한다는 건 안전망 없이 생각하는 것이죠. 우리가 가장 자명하다고 생각하는 '상식'조차 철학에서는 얼마든지 도전받을 수 있어요. 이러한 일은 매우 두려운 일이기 때문에, 어떤 사람들은 철학을 피하려고 해요. 그들은 안전한 곳에 머물기를 좋아하지요. 그들은 아찔하게 높은 곳을 오르고 아득히 깊은 곳을 탐험하는 것을 좋아하지 않아요. 그러나 여러분이 저와 비슷한 사람이라면, 여러분은 철학적으로 생각하는 모험을 즐거워할 겁니다. 철학이라는 것은, 말하자면, 사유(thinking)의 익스트림세임이에요. **익스트림싱킹**(extreme thinking)이라고나 할까요?

　그렇다고 해서 철학이 어렵다는 뜻은 아니에요(물론 어려울 수도 있겠지만 말이죠). 여러분은 이제 곧, 어떤 특별한 훈련 없이도, 가장 흥미로운 철학적 문제 중 몇가지를 척척 풀어낼 수 있게 될 겁니다. 이는 누구나 해낼 수 있어요.

　어떤 이들은 철학을 하기 위해서는 철학자들이나 감당할 수 있는 매우 특별한 훈련을 받아야 한다고 생각합니다. 이것은 아주 잘못된 생각이에요. 철학자들도 여러분과 마찬가지로 우리에게 이미 친숙한 일상적인 추론을 이용한답니다. 장담하건대 이런 추론은 여러분도 아주 능숙하게 잘할 수 있을 거예요. 때때로 가장 훌륭한 철학적 질문을 던지는 사람들은 놀랍게도 철학을 처음 접하는 이들이기도 하답니다.

　이 책은 내가 10대 후반과 20대 초반 무렵 나 자신을 위해 썼어요. 그 무렵 나는 철학이 무엇인지도 몰랐어요. 내게 '철학'(philosophy)은 '우표 수집'(philately), '골상학'(phrenology) 또는 '현상학'(phenomenology)처럼, 그저 'ph'로 시작하는 신비스러운 단어 중의 하나일 뿐이었죠. 물론 그때는 철학이 무엇인지 몰랐지만, 당시의 나 역시 분명히 철학자였어요.

　학창시절에 나는 항상 철학적 문제들을 묻곤 했어요. 나는 세계가 어디에서 시작되었는지, 신이 있는지, 내 마음은 나의 두뇌인지, 시간여행은 가능한지 등을 알고 싶었어요. 이러한 문제들과 그밖의 많은 난제(難題)들을 붙들고 수많은 시간을 보냈어요. 그것들이 실제로 연구주제가 될 수 있다는 점을, 그것도 대학에서 인정받을 만한 훌륭한 연구주제가 될 수 있다는 점을 까맣게 몰랐죠. 내가 항상 철학적 문제들을 여쭈었더니, 선생님은 가끔 귀찮아하시기도 했어요. 나는 학창시절에 성적이 그리 좋지는 않았어요. 그러다가 마침내 입시전문학교(Sixth Form College)를 그만두게 되었지요. 나는 4년 동안 캠브리지에서 우편집배원 일을 했어요. 그 시절에 많은 독서와 생각을 했고 마침내 철학책들을 발견하게 되었어요.

그런데 철학이야말로 내 적성에 가장 잘 맞는다는 사실을 깨달은 다음에도 여전히 문제가 있었어요. 당시에는 좋은 철학입문서를 구하기가 무척 어려웠어요. 눈에 띄는 책은 예외없이 '가치는 있지만 지루한' 방대한 분량의 학술서들이었는데, 이런 책들은 대부분 '플라톤은 이렇게 말했고 데까르뜨는 저렇게 말했다'라는 식으로 구성된 철학사(哲學史)를 담고 있었어요.

내가 진정으로 필요로 했던 것은, 시간여행과 우주의 기원처럼 내가 관심을 가지고 있는 문제들을 **직접**, 그리고 내가 이해할 수 있는 언어로 다루는 책이었어요.

이 책은 바로 이 목적을 위해 씌어졌어요. 그럼 이제 즐거운 **익스트림싱킹**을 시작해볼까요?

2004년 6월
옥스퍼드에서 스티븐 로

이 책을
이용하는
법

　　이 책을 **철학적으로 생각하기**라는 강좌로 생각해도
좋습니다. 각 장에서는 서로 다른 철학적 문제를 소개하고, 핵심적
인 입장과 논증을 설명하고 있죠.

　이 책은 쉬엄쉬엄 천천히 읽어가는 책이에요. 25가지의 짧은 글
들은 각각 한 편의 독립된 주제를 다루고 있답니다(1권에 12가지, 2권
에 13가지가 실려 있어요). 마음에 드는 순서대로 읽으세요. 어떤 글은
매우 쉽고, 또 어떤 글은 그리 쉽지 않을 수도 있어요. 이 책의
곳곳에는 여러가지 다양한 형식, 즉 대화, 철학적 이야
기, 사고실험, 삽화 등이 나옵니다. 그리고 '뚝딱뚝
딱 생각의 도구'라는 부분에서는 핵심 아이디어
를 설명하고 그때그때 필요한 사항들을 알려주
고 있어요.

　여러분이 반드시 기억해야 할 것은, 철학은
곧 **활동**이라는 점입니다. 철학책을 잘 활용하
는 최선의 방법은 활동에 **참가**하는 거예요.
비판적으로 읽고 스스로 생각해보세요. 책

을 읽어가는 동안 가정에 의문을 제기하고 논증을 낱낱이 풀어헤쳐 보세요. 때때로 책읽기를 멈추고 차도 한잔 마시고 창밖을 바라보며 읽은 것에 대해 생각해보세요. 만약 여러분이 나의 의견에 동의하지 못하겠다는 생각이 들거나 자신만의 반론을 제시한다면 그것은 매우 건강한 신호입니다.

각 장의 끝부분에는 해당 주제와 관련해서 더 읽을거리에 대해 따로 적어두었습니다.

차례

005 ● 책머리에

012 ● 한국의 독자들에게

015 ● 이 책을 이용하는 법

019 ● **제1장** 의식의 수수께끼

039 ● **제2장** 왜 내일도 태양이 떠오르리라고 기대할까?

059 ● **제3장** 우리는 과연 처벌받아야 하나?

081 ● **제4장** 의미의 신비

097 ● **제5장** 조디를 살리기 위해 메리를 죽여야 하나?

115 ● **제6장** 이상한 수의 영역

137 ● **제7장** 지식이란 무엇일까?

159 ● **제8장** 도덕은 안경과 같을까?

179 ● **제9장** 고기를 꼭 먹어야 할까?

201 ● **제10장** 두뇌이식, 원격이동, 그리고 개인의 동일성

221 ● **제11장** 기적과 초자연적 현상

245 ● **제12장** 일상생활에서 범하는 여덟 가지 오류

263 ● **제13장** 일곱 가지 역설

282 ● 옮긴이의 말

의식의 수수께끼

01

과학자들은 '의식의 문제'와 씨름하고
있어요. 의식의 문제란 다음과 같은 거예요.
여러분의 두 귀 사이에 있는 호두모양의 회색물질이 어떻
게 풍부한 의식적 경험의 내적 세계를 만들어낼 수 있을까요? 과학
자들은 이러한 수수께끼를 과연 해결할 수 있을까요? 어떤 사람들
은 시간문제라고 생각해요. 그러나 과학이 의식에 관해 **원리적으로**
설명할 수 없다는 점을 입증하는 논증들도 있어요.

의식의 사적인 영역

빨간 사물을 한번 보세요. 예를 들어 빨갛게 잘 익은 토마토를 보
세요. 여러분이 이것을 볼 때, 여러분은 어떤 경험을 하고 있음을
의식합니다. 즉 색깔경험을 하고 있음을 의식한다는 거죠. 철학자
토머스 네이글(Thomas Nagel)에 따르면, 그 경험을 함이 여러분에
게 어떠하다는 사실이 존재해요. 그 경험의 주체인 여러분만이 느
끼는 무엇인가가 존재한다는 거죠.▲ 여러분은 그 경험이 어떠한가
에 내적으로 주의를 집중할 수 있어요.

우리는 이처럼 생동하는 경험들에 묻혀 살아가고 있지요. 꽃의
향기, 귤 냄새, 손가락 끝에 닿는 원목의 거친 느낌, 살을 에는 아픔,
우울한 순간 등이 그것이죠. 우리는 이러한 경험의 주관적 성질에

▲ Nagel, Thomas, "What Is It Like to Be a Bat?," Douglas R. Hofstadter and Daniel Dennett eds., *The Mind's I*, London: Penguin 1981.

주의를 집중해 그 경험을 느껴볼 수 있어요. 우리가 이끌어가는 이 풍부한 내적인 삶은 한 가지 흥미로운 특징을 갖고 있어요. 이러한 삶이 다른 사람들에게는 철저하게 숨겨진 것으로 보인다는 점이지요. 다른 사람들은 내 몸과 외적 행동을 관찰할 수는 있지만, 내가 겪은 경험들은 내부에 숨겨져 있지요. 사실, 경험들은 매우 강한 의미에서 '내부에 숨겨져' 있는 것 같아요. 내가 겪는 경험들은 **물리적으로** 숨겨져 있는 게 아니에요. 말하자면 내 두뇌가 두개골 안에 물리적으로 숨겨진 것처럼은 아니란 말이죠. 물리적으로 숨겨진 사물은 원리상 드러내 볼 수 있어요. 외과의사가 어느날 내 두개골을 열어서, 색깔경험을 할 때 내 안에서 물리적으로 어떤 일이 일어나는지를 관찰할 수 있을지도 모르죠. 그러나 내 마음속에 들어와서 그 경험이 내게, 즉 나의 관점에서 어떠한 것인지를 관찰할 수는 없답니다.

박쥐가 된다는 것은

지금까지 어느 누구도 해보지 못한 의식적 경험도 있어요. 예를 들어 박쥐를 생각해볼까요? 박쥐는 반향정위(反響定位, echo-location)를 이용함으로써 어둠 속에서 길을 찾아냅니다. 박쥐는 인간에게는 들리지 않는 소리를 내서, 반사되어 돌아오는 메아리(반향)의 크기와 방향으로 주변환경에 대한 그림을 그리지요.

반향정위는 박쥐가 소리를 이용해 '볼' 수 있게 해주지요. 여기서 스스로에게 한번 물어보세요. 한 마리 박쥐가 된다는 것은 어떤 것이어야만 할까요? 박쥐가 경험하는 것처럼 세계를 경험하는 것

은 어떤 것이어야만 할까요? 한 마리 박쥐가 반향정위를 이용하여 '볼' 때, 박쥐에게는 어떠한 그 무엇이 분명 존재합니다. 그것은 매우 이상한 경험이며, 우리의 경험과는 근본적으로 다른 어떤 것임에 틀림없어요. 그런데 네이글이 지적하는 것처럼, 우리는 그 경험이 어떤 것인지를 알 수 없어요. 우리는 박쥐가 소리를 이용하여 '볼' 때, 박쥐의 신경체계에서 일어나는 일들에 대해서는 모든 사실을 알 수 있을지도 몰라요. 그러나 그렇다고 해도, 박쥐에게 그 경험이 어떠한가에 대해서는 알 수가 없어요. 박쥐만이 알 수 있는 그 경험의 주관적 성질은 우리에게는 알려지지 않은 채로 남지요. 여러분의 경험이나 나의 경험처럼, 박쥐의 경험은 본질적으로 개인적인 것 같아요.

의식적 경험의 영역은 가장 심오하고 난해한 수수께끼 중 하나로 계속 남아 있어요. 오늘날 철학자들과 과학자들은 이 수수께끼를 풀기 위해 몰두하고 있어요. 이것은 우리의 물리적인 몸과 의식적인 마음이 어떻게 관련되는가 하는 문제와 연관됩니다. 앞으로 나오겠지만, 한편으로는 우리의 의식적 마음은 물리적인 것이어야만 하는데, 다른 한편으로는 물리적인 것일 수 없다는 문제가 있어요.

박쥐가 무엇인가를 '볼' 때 어떤 경험을 할까요? 우리 인간은 그것을 알 수 없어요.

의식에 관한 두 가지 경쟁이론

여러분이 몇분 전에 빨간 사물을 보았을 때 어떤 일들이 일어났을까요? 과학자는 이런 일들이 일어났다고 합니다. 특정한 파장의 빛이 물체에서 반사되어 여러분의 눈에 들어왔고, 이 빛은 여러분의 망막에 초점을 만들어 이미지를 생성했다는 거죠. 여러분의 망막은 빛에 민감한 수백만개의 세포들로 뒤덮여 있는데, 그 세포들은 파장의 차이에 매우 민감하게 반응한다고 해요. 빛이 들어와 세포들이 전기적 충격을 방출하며, 전기적 충격은 신경을 타고 흘러가서 여러분의 눈에서 두뇌 뒤편으로 전달되었고, 그것이 여러분의 두뇌에서 어떤 일들을 야기했다는 거죠.

그렇다면 여러분의 경험은 어떻게 된 걸까요? 철학자 르네 데까르뜨(René Descartes, 1596~1650)에 따르면, 여러분의 의식적 마음은 물리적인 어떤 것에도 의존하지 않고 그 자체로 존재할 수 있는 별개의 실체입니다. 따라서 여러분의 두뇌에서 무엇인가가 발생한 다음, 그 밖의 어떤 것이 또 일어나야 한다는 겁니다. 여러분의 두뇌는 여러분의 마음에서 무엇인가가 일어나게 만들지요. 여러분의 마음과 두뇌는 **상호작용**을 할 수 있지만, **동일하지는** 않아요.

현대의 많은 과학자들과 철학자들에 따르면, 의식적 경험을 위와 같이 생각하는 것은 잘못된 견해예요. 예를 들어 쑤전 그린필드(Susan Greenfield) 교수는 BBC텔레비전 씨리즈물인 '두뇌이야기'(Brain Story)에서 "당신은 당신의 두뇌입니다"라고 주장해요. 여러분의 경험은 여분의 무엇인가가 아니에요. 그것은 물리적으로 일어나는 것의 밖에 있는 무언가가 아니에요. 오히려 정신적인 것은 물리적으로 일어나고 있는 것의 **일부분**에 지나지 않아요.

분명히, 과학자들은 때때로 별개의 사물이라고 여겨진 것들이 실제로는 동일한 사물이라는 점을 밝히곤 합니다. 예를 들어 샛별(the morning star)과 어둠별(the evening star)을 봅시다. 우리는 오랫동안 이 두 천체가 별개라고 생각했어요. 그러다가 천문학자들이 그것들은 하나(금성이라는 행성)이며, 단지 두 번에 걸쳐 보일 뿐이라는 점을 발견했지요.

또한 과학자들은 어떤 속성들이 동일하다는 점을 입증하기도 했어요. 가령, 열이 분자운동이라는 점을, 전기가 전자들의 흐름이라는 점을, 물이 H_2O라는 점을 발견해왔지요.

그렇다면 고통도 그저 어떤 특정한 두뇌상태에 불과하다는 점 또한 밝혀지지 않을까요? 일반적으로 보면, 고통은 두뇌상태에 불과한 것 같지는 않아요. 그러나 열도 분자운동처럼 보이지는 않지만, 결국 실제로는 분자운동이라는 점이 밝혀졌지요.

실체와 속성

우리는 의식에 관한 경쟁적인 두 가지 이론을 살펴보고 있어요. 첫번째는, 여러분의 의식적 경험들은 여러분의 두뇌에서 일어나는 것 이상의 어떤 것이 아니라는 것이고, 두번째는, 데까르뜨처럼 이러한 견해를 부정하는 입장이에요. 이 두 입장에 대한 찬반논증을 살펴보기 전에, 두번째 입장을 두 가지 내용으로 구별해보죠. 이 구분은 논의를 진행하는 데 많은 도움이 될 거예요.

데까르뜨의 견해에 따르면, 여러분의 마음과 몸은 별개의 **실체**(substance)들이에요. 각각이 독립적으로 존재할 수 있지요. 원리적으로 의식적 마음은 모든 물리적인 것에서 분리되어 그 자체만으로 도 존재할 수 있어요. 이러한 입장을 **실체이원론**(substance dualism) 이라고 합니다.

오늘날 과학자들과 철학자들 중에서 실체이원론을 기꺼이 수용 하려는 사람은 거의 없어요. 그렇지만 상당히 많은 철학자들은 (그 리고 적어도 몇몇 과학자들은) 별개이고 서로 환원할 수 없는 두 종 류의 **속성**이 존재한다고는 믿고 있지요. 즉 이들에 따르면, 물리적 속성과 정신적 속성은 서로 별개이며 서로 환원될 수 없어요. 이러 한 입장을 **속성이원론**(property dualism)이라고 합니다.

속성이원론에 따르면, 오직 한 종류의 재료, 즉 물리적 재료만이 존재합니다. 그러나 이 물리적 재료로 이루어진 대상들은 완전히 서로 다른 두 속성을 가질 수 있어요. 속성이원론자들의 견해에 따 르면, 정신적 속성과 물리적 속성이 존재하며, 어떤 사람의 정신적 속성은 그 사람의 물리적 속성에 추가로 존재하는 여분의 속성이 에요.

이원론에 대한 반대논증

이제 모든 형태의 이원론에 반대하는 가장 인기있는 논증 중 하 나를 검토해봅시다.

요컨대 이원론자들은 물리적 사실에 추가된, 별도의 사실을 도 입하려 해요. 물리적 실체와 속성에 관한 사실이 존재하지요. 그러 나 이원론자들에 따르면, 비물리적인 실체와 속성 또한 존재해요. 비물리적 실체와 속성은 물리적 사실들에 **추가적인** 것이지요. 따라서 근본적으로 서로 환원될 수 없는, 서로 다른 두 종류의 사실들이 존재합니다.

그러나 많은 과학자들과 철학자들은 '추가적인' 사실이 존재한다는 주장은 매우 비과학적이라고 생각합니다. 왜 그럴까요?

어느날 저녁 한 파티에서 포도주 한 잔과 맥주 한 잔 중 하나를 고르라는 주문을 받았다고 생각해봅시다. 나는 둘 다 좋아하지만, 이 경우에는 특별히 포도주로 결정했어요. 나는 팔을 뻗어 포도주 잔을 선택합니다.

과학자들은 그런 물리적 운동은 물리적 원인을 가진다고 말합니다. 팔이 움직인 것은 팔 근육이 작용해서이며, 근육운동은 두뇌에서 뻗어나온 운동신경의 전기적 활동으로 초래되었다고 합니다. 그리고 전기적 활동은 두뇌의 물리적 활동으로 야기되었으며, 물리적 활동은 또다른 물리적 원인에 의해 초래되었다는 겁니다. 즉 접시 위에 놓인 유리잔에서 반사된 빛과 나에게 말을 거는 소리 등이 신경체계를 자극했다는 거죠. 이런 물리적 사건에는 계속해서 앞선 물리적 원인이 있으며, 이 사건에는 또다른 앞선 물리적 원인이 있다는 식입니다.

만약 과학자들이 자연법칙에 관한 지식에다가 내 몸과 주변에서 일어난 모든 물리적 사실들(가령, 내가 팔을 뻗어 포도주잔을 잡기로 결심하기 1분 전에 있었던 모든 물리적 사실들)을 제공받는다면, 그들은 내 팔이 방금 움직인 방식 그대로 움직일 거라는 점을 **원리적으로** 계산해낼 수도 있다고 말해요. 내 팔의 움직임은 사물이 물리적으로 어떤 상태였던가에 따라 미리 예정되어 있었다는 거예요.

이 밀이 옳다면, 즉 물리적으로 일어나는 일이 선행하는 물리적 사실들에 의해 미리 예정되어 있다면, 비물리적 사실들이 사태의 추이에 영향을 미칠 가능성은 전혀 없어요. 비물리적인 것들은 물리적으로 일어나는 일들과 아무런 인과적 관련이 없지요.

그런데 이원론이 옳다면, 의식적 마음은 비물리적인 것이죠. 그렇다면 내 마음은 물리적으로 일어나는 일에 아무 영향도 미칠 수 없다는 결론이 나오죠. 예컨대, 내가 포도주잔 대신에 맥주잔을 집기로 결정했다고 해봅시다. 그러나 주어진 물리적 사실들 때문에, 어찌되었든 간에 내 팔은 강제로 뻗혀져 포도주잔을 집어올리게 될 겁니다. 이원론이 옳다면, 내 마음을 완전히 제거하고 나서도 내 몸은 여전히 정확하게 동일한 방식으로 움직이게 될 거예요.

이건 말도 안된다고 반문하고 싶나요? 내 마음은 내 몸이 어떻게 행동하는가에 영향을 미칠 수 있고, 또한 미치고 있다고 말하고 싶나요? 그러나 **물리적** 사태의 추이에 영향을 미치는 것은 오직 **물리적 사건뿐이에요**. 내 마음에서 일어나는 일에 관한 사실이 물리적 결과를 가질 수 있는 유일한 방법은, **그 사실 자체가 물리적 사실인 경우밖에 없어요**. 그렇다면 이원론(실체이원론과 속성이원론 모두)은 거짓이라는 결론이 나옵니다.

이 논증의 요점은 이래요. 의식적 마음에서 벌어지는 일에 관한 사실은 반드시 근본적으로는 물리적 사실이어야 한다는 거죠. 많은 과학자들과 철학자들은 이 논증과, 이런 결론을 가진 다른 논증들이 옳다는 걸 확신하고 있어요. 그러나 논쟁은 결말을 보지 못하고 있죠. 이 견해가 잘못된 것 같다는 강력한 논증들이 또한 존재하기 때문이죠. 가장 잘 알려진 논증 중 하나는 철학자 프랭크 잭슨(Frank Jackson)이 제시한 다음과 같은 논증이에요.

메리와 흑백의 방

메리라는 소녀가 태어났어요. 메리가 시각적 경험을 갖기도 전에, 과학자들은 그녀를 흑백의 방에 가두었어요. 과학자들은 메리가 결코 색깔경험을 갖지 못하도록 주변환경을 설정했지요. 예컨대, 그들은 메리가 자신의 살구빛 살을 보지 못하도록 하얀 장갑을 씌워놓았어요. 메리는 오직 검은색, 흰색, 그리고 여러가지 음영을 띤 회색만 경험하게 됩니다.

메리는 흑백환경에서 자라났으며, 과학에 매료되었지요. 그러다 마침내는 세계에서 가장 뛰어난 두뇌과학자가 되었어요. 메리는 사람들이 어떤 것을 '붉은 것'으로 본다고 말할 때, 그 사람의 두뇌에서 일어나는 일에 관한 모든 지식을 알게 되었어요. 메리는 색깔을 지각하는 사람의 두뇌에 관한 모든 물리적 사실들, 즉 그 사람의 뉴런이 어떻게 발화하는지, 두뇌의 화학적 작용들이 어떻게 균형을 맞추는지 등의 모든 물리적 사실들을 발견했어요.

메리는 색깔경험의 질적 성질을 새로 깨닫게 되었어요.

어때? 놀랐지?

그러던 어느날 메리를 연구하는 과학자 중 한 사람이 잘 익은 토마토 한 개를 메리의 흑백세계에 넣었어요.

메리는 소스라치게 놀랐지요. 지금 메리는 이전에 한 번도 겪어보지 못한 경험을 하고 있어요. 그녀는 색깔경험을 한다는 것이 어떤 것인지를 알게 되었어요. 메리는 새로운 사실 하나를 발견한 것입니다. 붉은색의 경험이 바로 이러하다는 사실 말이지요('나는 그 빨간 것을 다시 보고 있어'). 그러나 메리는 이전에 모든 물리적 사실들을 알았어요. 따라서 그 경험이 이러하다는 사실은 물리적 사실이 아닙니다. 의식적 경험의 질적 성질에 관한 사실(의식적 경험을 갖는 것이 어떠하다는 사실)은 물리적 사실이 아니지요.

설명적 간극

잭슨은 물리적 사실 이상의 사실이 존재한다는 점을 보여주고 있는 것 같아요. 그러나 여러분은 한걸음 더 나아가 이렇게 주장하고 싶을 수도 있어요. 잭슨의 논증은 **모든 것들이 과학으로 설명되고 이해되는 것은 아니라는** 점을 보여주는 것 같다고 말이죠. 우리는 단지 물리적 사실에만 호소해서는 빨간 것이 왜 **이렇게 보이는지**를 설명할 수도 이해할 수도 없어요. 여기서 현대철학자들이 **설명적 간극** (explanatory gap)이라고 부르는 개념이 나타납니다.

열의 경우와 비교해보죠. 열을 활발한 분자운동과 동일시함으로써 우리는 열의 다양한 속성들을 도출할 수 있어요. 분자수준에서 일어나는 일들을 발견함으로써 우리는 왜 열이 가해진 대상들이 시커멓게 타들어가는지, 그리고 왜 근처에 있는 대상들에 열을 전달하게 되는지 등을 이해할 수 있죠.

그러나 인간의 두뇌에서 일어나는 일들을 완전히 이해한다고 해서, 우리는 고통이 왜 **이런** 방식으로 느껴지는지를 이해할 수 없으며, 잘 익은 토마토가 왜 **이런** 종류의 시각적 경험을 생성하는지를 설명할 수 없어요. 메리는 색깔을 지각하는 사람들의 두뇌에서 일어나는 일에 관한 모든 지식을 알고 있지만, 그렇다고 해서 붉은색의 경험이 실제로 어떠한지를 이해할 수는 없었어요. 사실 그녀가 발견한 물리적 사실들은, 그러한 생리적 상태들이 도대체 왜 의식적 상태들을 동반해야 하는지를 설명하는 데는 아무런 도움도 되지 않아요.

생명과의 유비

잭슨의 논증은 다음과 같은 점을 보여주고 있는 것 같아요.

1. 물리적 사실 이상의 사실들이 존재한다.
2. 물리적 과학이 의식을 설명하는 것은 **원리적으로** 불가능하다.

많은 과학자들은 이러한 결론을 거부합니다. 그들은 종종 의식에 관한 현재의 상황이 생명에 관한 200년 전의 상황과 유사하다고 주장하죠. 그 당시에 생명은 커다란 수수께끼였어요. 간단히 말해서, 물리적인 물질들이 어떻게 생명이 있는 살아 있는 것으로 조직화될 수 있는지를 아예 몰랐지요. 많은 사람들은 물리적 대상에 생명을 불어넣기 위해서는 다른 어떤 것, 가령 신비스럽고 초자연적인 '생명력'이 물리적 대상에 추가되어야 한다고 생각했어요.

물론, 오늘날에는 생명에 대해 거의 대부분 설명할 수 있어요. 다윈(C. R. Darwin, 1809~1882)의 자연선택이론과 유전학의 발전 등에 힘입어 생명에 관한 많은 속성들을 설명할 수 있게 되었지요. 물론 아직까지도 완전한 과학적 설명을 하지 못하는 몇몇 속성도 있시만 말이죠. 그러나 그럴 경우에도 원리적으로는 물리적 사실들을 토대로 과학적 설명을 구성해낼 수 있을 거예요.

많은 과학자들은 의식에 대해서도 이와 유사한 주장을 합니다. 비록 **지금은** 의식에 대해 완전히 과학적으로 설명하지는 못하지만, 그렇다고 해서 과학적 설명이 불가능하다는 걸 의미하지는 않는다고 하죠. 의식이 자연적이고 물리적인 세계에서 발견되는 것들에 **추가적인** 것이며, 신비스럽고 초자연적인 것이라고 가정할 필요는 없어요. 지금은 의식에 대해 과학적으로 탐구하는 초창기예요. 따라서 지금은 의식이 물리적 사실들에만 기대어 어떻게 설명될 수 있는지에 대해 상상할 수조차 없지요. 그러나 이런 우리의 무능함은, 생명의 경우에서처럼 단지 적절한 이론이 부족하기 때문에 그런 건지도 모릅니다.

생각 모으기

우리는 물리적 세계 안에 의식을 어떻게 자리잡게 할 것인가에 대해 씨름하고 있어요. 많은 과학자들은 의식이 근본적으로 물리적인 것으로 환원될 수 있고, 또 그것으로 설명되어야만 한다고 믿지요. 사실, 의식적 마음이 물리적으로 일어나는 일에 인과적인 영향을 끼칠 수 있다면, 의식적 마음 자체가 물리적이어야만 할 것 같아요.

그러나 이에 대한 강력한 반론이 있죠. 메리와 흑백의 방에 관한 잭슨의 논증에 따르면, 의식적 경험이 가지는 성질에 관한 사실은 **원리적으로** 물리적인 사실로 환원될 수도 없고, 물리적인 사실로 설명될 수도 없어요.

많은 과학자들은 모든 형태의 이원론을 즉각 거부합니다. 그러나 그들이 잭슨의 논증에서(그리고 설득력있는 다른 많은 논증들에서도) 무엇이 잘못되었는지를 밝힐 수 없다면, 이원론을 거부하는 그들의 태도는 성급한 것으로 보입니다. 맹목적으로 거부하는 태도는 합리적인 입장이 아니라 편견처럼 보여요.

물론, 잭슨의 논증에서 무엇인가 잘못된 것이 있을 수도 있어요(뒷면의 '뚝딱뚝딱 생각의 도구'를 참고하세요). 그러나 잘못된 것이 무엇인가를 보여주는 것은 이원론을 거부하는 사람들의 몫이에요. 그리고 그 논증에서 무엇이 잘못되었는지를 보여주는 것은 경험과학의 과제가 아니지요. 그것은 논리와 철학의 과제예요.

그렇다면 과학은 과연 의식의 신비를 풀 수 있을까요? 아마도 그럴 수 있을 것 같습니다. 그러나 과학만으로는 할 수 없어요. 과학은 철학의 도움을 필요로 합니다.

**뚝딱뚝딱
생각의 도구**

가면 쓴 사람의 오류

여기서는 잭슨의 논증에서 무엇이 잘못되었을지를 설명합니다. 두 사물이 동일하지 않다는 걸 입증하기 위해 흔히 다음과 같은 논증을 사용하죠. 두 사물 중 하나는 가지고 있지만 다른 하나는 가지고 있지 않은, 그런 속성을 찾아보세요. 그 속성을 찾을 수 있다면, 두 사물이 동일하지 않다는 결론을 내리는 게 타당하다고 볼 수 있죠.

가령, 백두산과 한라산이 별개의 산이라는 점을 입증하고 싶다면, 두

산 중 하나는 가지고 있지만 다른 하나는 가지고 있지 않은 속성을 찾아
내기만 하면 돼요. 다음과 같은 논증을 제시할 수 있겠죠.

- 백두산은 높이가 2,700m 이상이라는 속성을 가지고 있다.
- 한라산은 높이가 2,700m 이상이라는 속성을 가지고 있지 않다.
- 그러므로 백두산과 한라산은 동일하지 않다.

이건 건전한 논증이에요. 즉 두 전제들이 모두 참이고, 추론이 타당하
게 전개되었어요. 이 논증은 실제로 백두산과 한라산이 별개의 산이라
는 점을 입증하고 있어요.

마음과 몸이 동일하지 않다고 주장하는 사람들은 종종 이와 동일한
형식의 논증을 전개하곤 해요. 예를 들어 **의심으로부터의 논증**(the argument
from doubt)이라고 불리는 논증이 있어요(이 논증은 데까르뜨가 시작했
다고 알려져 있죠).

- 나는 내가 존재한다는 점을 의심하지 않는다. 요컨대 나는 내가 존
  재한다는 점을 의심함으로써, 내가 존재한다는 점을 보여주고 있
  다. 따라서 내가 존재한다는 점에 대해 내가 의심하는 것 자체가 불
  가피하게 자기논박적이다.
- 나는 내 몸이 존재한다는 점을 의심한다. 나는 몸에서 떨어진 마음
  일 수도 있는 것처럼 보인다. 왜냐하면 나의 모든 경험들이 모종의
  사악한 악마에 의해 생성되었을 가능성이 존재하기 때문이다. (이
  런 종류의 의심에 대한 자세한 내용은 제1권의 3장을 참고하세요.)
- 따라서 나의 몸에는 있지만 나에게는 없는 속성이 존재한다. 즉 나
  의 몸은, 내가 그 존재를 의심할 수 있는 어떤 것이라는 속성을 가지고

있다. 그러나 나는 이 속성을 가지고 있지 않다. 따라서 백두산과 한라산에 대한 논증과 유사한 논증에 따라, 나는 내 몸과 동일하지 않다는 결론을 도출할 수 있다.

이 논증을 좀더 형식화해서 정리해봅시다.

- 나의 몸은, 내가 그 존재를 의심할 수 있는 어떤 것이라는 속성을 가지고 있다.
- 나는, 내가 그 존재를 의심할 수 있는 어떤 것이라는 속성을 가지고 있지 않다.
- 그러므로 나는 내 몸과 동일하지 않다.

데까르뜨는 '의심으로부터의 논증'을 전개합니다. 이것은 올바른 논증일까요?

이런 종류의 논증에 따라 많은 사람들이 몸과 마음이 동일하지 않다는 결론을 확신합니다. 그러나 이 논증은 백두산·한라산 논증과 유사함에도 불구하고, 좋지 않은 논증이에요. 사실 이 논증은 가면 쓴 사람의 오류(the masked man fallacy)의 한 예지요. 이 오류의 또다른 예를 살펴봅시다. 강도가 은행을 털고 있는 것을 목격했다고 가정해봅시다. 그리하여 나는 가면을 쓴 사람이 은행을 턴 강도라는 믿음을 가지게 되었어요. 나중에 형사가 찾아와서, 내 아버지가 주요용의자라고 알려줍니다. 나는 겁에 질려 아버지가 가면을 쓴 사람이 아니라는 점을 증명하려 해요. 나는 가면을 쓴 사람은 가지고 있지만, 아버지는 가지고 있지 않은 속성을 지적합니다. 가면을 쓴 사람은, 내가 은행강도라고 믿고 있는

034

사람이죠. 나는 다음과 같은 논증을 제시합니다.

- 가면을 쓴 사람은, 내가 그 사람을 은행강도라고 믿는다는 속성을 가지고 있다.
- 나의 아버지는, 내가 그 사람을 은행강도라고 믿는다는 속성을 가지고 있지 않다.
- 그러므로 나의 아버지와 가면을 쓴 사람은 동일하지 않다.

이것은 백두산·한라산 논증과 동일한 형식인 것처럼 보이지요. 하지만, 분명히 좋지 않은 논증이에요. 이 논증의 두 전제가 참이라는 사실에도 불구하고, 여전히 나의 아버지가 가면을 쓴 사람이라는 점이 밝혀질 수도 있어요.

요컨대, 이런 형식의 논증이 모든 종류의 속성들에 대해 유효하게 적용되는 것은 아니라는 거죠. 이런 형식의 논증은 높이가 2,700m 이상이라는 식의 속성들에 대해서는 유효하게 적용되지요. 그러나 내가 그 사람을 은행강도라고 믿는다는 것과 같은 속성에 대해서는 유효하게 적용되지 않아요. 즉 이런 형식의 논증은, 문제의 속성들이 어떤 사물(또는 인물)에 대한 어떤 사람의 심리적인 태도를 포함하는 모든 경우에는 타당하지 않습니다.

가면 쓴 사람의 사례를 보죠. 나는 가면을 쓴 사람에 대해서 가지고 있는 태도를 아버지에 대해서는 가지고 있지 않다는 점을 지적함으로써, 나의 아버지와 가면을 쓴 사람이 별개의 인물임을 입증하려고 합니다. 그러나 이러한 태도는 문제의 인물이나 사물이 실제로

'의심으로부터의 논증'은 '가면 쓴 사람의 오류'와 같은 잘못을 범하고 있어요.

별개인가의 여부를 해명해줄 수 없어요. 두 가지 예를 더 살펴봅시다.

- 전지현은, 짱구가 영화「엽기적인 그녀」에 출현한 여배우라고 알고 있는 사람이다.
- 왕지현은, 짱구가 영화「엽기적인 그녀」에 출현한 여배우라고 알고 있는 사람이 아니다.
- 그러므로 전지현은 왕지현이 아니다.

- 열은 음식을 요리할 때 이용되는 것으로 일반적으로 알려져 있다.
- 분자운동은 음식을 요리할 때 이용되는 것으로 일반적으로 알려져 있지 않다.
- 그러므로 열은 분자운동이 아니다.

두 논증 모두 참인 전제를 가지고 있지만 결론은 거짓이에요. 왕지현은 여배우 전지현씨의 본명이죠. 다시 한번 문제를 짚어봅시다. 어떤 사람이 한 사물에 대해서는 알거나 믿고 있지만 다른 사물에 대해서는 그렇지 않다는 것은, 두 사물이 동일하지 않음을 입증하기 위해 사용될 수 있는 속성이 아니에요. 의심으로부터의 논증에는 이와 동일한 오류가 포함되어 있지요.

메리와 흑백의 방에 대한 잭슨의 논증은 어떤가요? 이 논증 역시 가면 쓴 사람의 오류를 포함하고 있을까요? 나는 현재상태로는 그렇다고 생각해요. 그러나 여러분 스스로 점검해보기를 바랍니다. 물론, 그렇다고 해서 내가 이제 이원론이 무너졌다고 믿는다는 건 아닙니다. 아마 이원론을 지지하는 잭슨의 논증보다 더욱 뛰어난 논증들이, 가령 가면 쓴 사람의 오류를 포함하지 않는 논증들이 존재할 거예요.

생각 넓히기

- 이 글은 제1권의 6장과 함께 읽으면 큰 도움이 될 겁니다. 이 글의 내용과 겹치는 제1권 6장에 등장하는 몇몇 논증들을 잘 살펴보세요.

- 엄밀하고 예외없는 법칙들이 세계를 지배하는 게 아니라 확률적 법칙들이 세계를 지배한다는 점을 제2권의 3장에서 간략하게 논의하고 있습니다. 따라서 만약 누군가가 나의 물리적 신체와 환경에 대한 완전한 정보를 제공받는다고 해도, 나의 미래행동에 대해서는 기껏해야 내가 확률적으로 어떤 행동을 하게 될 거라고 예측할 수 있을 뿐이에요. 2권의 3장을 읽은 후 다시 이 글로 돌아와서 이런 질문을 한번 던져보세요. 이것은 지금까지 제시된 이원론에 반대하는 논증을 손상하는가? 만약 그렇다 하더라도, 이원론을 거부하는 약간 다른 형태의 논증들은 여전히 구제될 수 있을까?

제 2 장

왜 내일도 태양이 떠오르리라고 기대할까?

02

매일 아침 우리는 태양이 지평선 위로 떠오르리라고 기대하지요. 그러나 철학자 데이비드 흄(David Hume, 1711~76)에 따르면, 우리의 기대는 완전히 비합리적입니다. 이 글에서는 흄의 비범한 논증을 검토해보기로 하겠습니다.

어리석은 주장?

과학자인 한결이는 일출을 구경하러 동해에 왔어요. 그녀는 절친한 친구이자 철학도인 진이와 함께 정동진에 있어요.

진이 — 아름다운 일출이야.

한결 — 그래. 마침 때맞춰 잘 왔네.

진이 — 그런데 오늘 아침에 해가 떠오르리라고 기대할 만한 이유는 없었어.

한결 — 그러나 태양은 수십억년 동안 매일 아침 떠올랐어. 물론 오늘 아침에도 떠오를 예정이었고.

진이 — 그렇다고 해서, 내일도 태양이 떠오를 것이라고 기대할 만한 이유는 없어. 사실, 그것은 지평선 위로 태양 대신에 거대한 튤립화분이 떠오를 것이라고 기대하는 것과 마찬가지로 비합리적인 믿음일 뿐이야.

한결― 내일도 태양이 떠오를 것이란 점을 절대적으로 **확신할 수**는 없겠지. 나도 그 점에는 동의해. 대파국을 초래하는 사건이 일어나 그전에 지구를 파괴해버릴지도 모를 일이니 말이야. 그렇지만 그러한 일이 일어날 가능성은 거의 **없어.** 반면에 태양이 떠오를 가능성은 매우 높아. 그렇게 생각하지 않니?

진이― 무슨 말인지 이해를 못하는구나. 나는 지금 단지 우리가 내일 태양이 떠오를 것이란 점을 확신할 수 없다고 말하는 게 아니야. 내일 태양이 떠오르리라고 가정하는 건 그렇지 않을 것이라고 가정하는 것 이상의 근거를 가지는 것은 아니라고 말하고 있어.

한결― 그런 어리석은 생각이 어디 있니? 내일 태양이 떠오를 것이라는 믿음을 강력하게 입증할 만한 증거가 있어. 태양이 수십억 년 동안 매일 아침 떠올랐다는 사실이 바로 그 증거야.

진이― 그건 잘못된 생각이야.

진이의 주장은 엉뚱하고 어리석은 것처럼 보입니다. 그러나 흄은 진이의 주장이 옳은 것처럼 생각하게 하는 논증을 제시했어요. 흄에 따르면, 내일 태양이 떠오를 것이라는 믿음은 결코 정당화되지 않으며, 나아가 모든 과학적 이론 역시 정당화되지 않아요.

흄의 논증을 살펴보기 전에, 연역적 논증과 귀납적 논증의 차이점을 간략하게 설명할 필요가 있겠네요.

**연역적 논증과
귀납적 논증**

논증은 하나 또는 그 이상의 **전제들**과 **결론**으로 이루어져 있고, 전제들이 결론을 지지하도록 기대되는 방식으로 구성되어 있어요. 논증은 그 형식에 따라 두 가지로 나뉘지요. **연역적 논증**(deductive argument)과 **귀납적 논증**(inductive argument)으로요.

1. 연역적 논증

연역적 논증의 예는 다음과 같습니다.

- 모든 고양이는 포유동물이다.
- 나의 애완동물은 고양이다.
- 그러므로 나의 애완동물은 포유동물이다.

좋은 연역적 논증이 되기 위해서는 두 가지 조건이 필요해요. 첫째, 전제들이 반드시 참이어야 하고, 둘째, 논증이 반드시 **타당해야** 해요. 여기에서 '타당하다'는 것은, 전제들이 결론을 **논리적으로 함축**해야 한다는 의미죠. 다시 말해서, 전제들을 주장하면서 결론을 부정하면, **논리적 모순**에 빠지게 된다는 말이죠. 위에서 한 논증은 타당해요. 만약 어떤 사람이 모든 고양이는 포유동물이고 자신의 애완동물은 고양이라고 주장하면서, 자신의 애완동물이 포유동물임을 부인한다면, 그 사람은 스스로 모순에 빠지는 거죠.

2. 귀납적 논증

여러분이 백조 1,000마리를 관찰하여 모두 희다는 점을 발견했다고 가정해봅시다. 그리고 여러분은 지금까지 희지 않은 백조를 본 적이 없어요. 그렇다면 여러분은 분명히 '모든 백조가 희다'라는 결론을 내릴 만한 근거를 가지고 있어요. 여러분의 추론은 이런 형식으로 진행됩니다.

- 백조 1은 희다.
- 백조 2는 희다.
- 백조 3은 희다.
    (…)
- 백조 1,000은 희다.
- 그러므로 모든 백조는 희다.

이것은 귀납적 논증의 예입니다. 귀납적 논증의 전제들은 그 결론을 지지할 것으로 기대되기는 하지만, 그 결론을 논리적으로 함축하는 것은 아니에요. 이 점에서 귀납적 논증은 연역적 논증과 다르죠. 위의 논증은 연역적으로 타당하지 않으며, 또한 연역적으로 타당하기 위해 고안된 것도 아니에요. 지금까지 관찰한 1,000마리의 백조가 희다고 주장하면서, 모든 백조가 희지는 않다고 주장하는 것 사이에는 모순이 없어요. 사실, 모든 백조가 흰 것은 아니에요. 뉴질랜드에서는 검은 백조가 발견되었어요.

그럼에도 불구하고, 지금까지 관찰된 모든 백조가 희다면, 이 사실은 모든 백조가 흰색일 가능성을 더욱 높여주죠. 즉 전제들이 결론을 지지하고 있어요. 귀납적 논증은 전제가 참이라면 결론도 참이라는 점을 논리적으로 보장하지는 못하지만, 우리는 귀납적 논증이 그 결론에 대한 믿음을 정당화한다고 믿습니다.

귀납은 왜 중요할까?

우리는 귀납적 추론에 의지해, 미래에 일어날 일에 대한 믿음을 포함하여 우리가 관찰하지 못한 것들에 대한 믿음을 얻습니다.

내가 의자에 앉을 때, 이 의자는 내 몸무게를 지탱할 수 있어서 무너지지 않을 거라는 믿음을 생각해봅시다. 이 믿음은 어떻게 정당화될까요? 나는 이전에 수없이 많은 의자들에 앉아보았고, 그 의자들은 모두 내 몸무게를 지탱했어요. 이러한 사실 때문에 나는 다음 의자에 앉더라도, 그 의자 역시 내 몸무게를 지탱할 수 있으리라고 생각하게 됩니다.

귀납추리의 약점에 대해 러셀은 이런 예로 설명했어요. '오랫동안 주인은 되풀이해서 닭에게 모이를 준다. 닭은 주인의 발소리가 들리면 곧 모이를 먹으리라고 여긴다. 어느날 주인의 발소리를 들리자 닭이 달려왔다. 그러자 주인은 손을 내밀어 닭의 모가지를 잡고 비틀었다.'

이봐! 닭도 추리를 한다고!

그런데 여기서 주목해야 할 점이 있어요. 내가 지금까지 앉아보았던 의자들이 내 몸무게를 지탱했다는 사실은 다음 의자도 역시 그러할 것이라는 점을 **논리적으로** 함축하지는 않아요. 비록 지금까지 내 몸무게를 지탱하지 못하는 의자는 없었지만, 그런 일이 일어날 것이라고 가정하는 데는 아무런 **모순**도 없어요.

그렇다면 일단 다음과 같은 결론을 내릴 수 있어요. **연역적 논증**에 의거해, 다음번 의자가 내 몸무게를 지탱할 거라는 믿음을 정당화할 수는 없어요. 따라서 내 믿음이 정당화되려면, 귀납적 논증에 의거해야 합니다.

과학은 귀납에 크게 의존해요. 과학적 이론들은, 우리가 관찰하지 못한 모든 것을 포함해, **모든 시간과 모든 장소**에서 성립하리라고 기대되곤 하죠. 그런데 과학적 이론이 참이라는 증거라고는 단지 우리가 관찰해온 것들만이 있을 뿐이에요. 그렇다면 우리는 과학적 이론을 정당화하기 위해 귀납적 추론에 의존해야만 합니다.

정당화되지 않는 가정

지금까지 귀납적 추론의 중요성을 살펴보았어요. 과학은 귀납적 추론에 의존해요. 그런데 귀납적 추론이 완전히 비합리적이라고 본다면, 재앙적 결과가 나타날 겁니다. 흄은 바로 이것을 보여줄 수 있다고 믿었어요.

흄의 논증으로 돌아가보죠. 흄은 내일 태양이 떠오르지 않을 것이라는 가정과 마찬가지로 내일 태양이 떠오를 것이라는 가정도 똑같이 비합리적이라고 믿었어요. 흄의 논증은 본질적으로 단순해요. 귀납은 전적으로 정당화되지 않은 그리고 정당화될 수 없는 가정에 의존한다는 거죠. 이 가정이 무엇일까요? 진이가 설명해줍니다.

진이 ― 내일 태양이 떠오를 것이라는 믿음은 비합리적이야. 흄이 그 이유를 설명해줬어. 네가 관찰하지 못한 것들에 대해 결론을 추론할 때마다, 너는 어떤 **가정**을 하게 돼.

한결 ― 무슨 가정?

진이 ― 너는 **자연이 한결같다**(uniform)고 가정하고 있어.

한결 ― 무슨 소리니?

진이 ― 너는 지금 우리가 좁은 지역에서 관찰해왔던 패턴들이 우리가 관찰하지 못한 세계의 영역들에서도, 특히 미래나 먼 과거에서도 성립할 거라고 가정하고 있어.

한결⎯ 왜 내가 그런 가정을 하고 있다는 거야?

진이⎯ 음, 이런 식으로 생각해보자. 만약 네가 자연이 한결같다는 걸 **믿지 않는다**고 생각해봐. 그렇다면, 네 경험상 태양이 매일 떠올랐다는 것이 사실이라고 해도, 너는 태양이 계속해서 떠오를 것이라고 기대하지는 않을 거야. 네 생각은 어때?

한결⎯ 그렇겠지.

진이⎯ 이제 알겠지? 네가 앞으로도 태양이 계속해서 떠오를 거라고 결론 내리는 것은, 네가 자연이 한결같다고 가정하기 때문이야.

진이가 옳은 것 같네요. 귀납적으로 추론할 때마다, 우리는 자연이 한결같다는 가정을 합니다. 우리는 우주가 어느 곳에서나 동일한 방식의 패턴을 띠고 있다고 가정하죠.

개미 한 마리가 침대덮개 한가운데 있다고 상상해보죠. 개미는 침대덮개의 한 부분이 꽃무늬인 걸 보았어요. 그래서 개미는 자기가 볼 수 없는 침대의 나머지 부분들도 역시 꽃무늬일 거라고 추정해요. 그런데 왜 그렇게 추정해야 할까요? 침대덮개는 단지 '패치워크 퀼트'(patchwork quilt)* 일 수도 있는데요. 침대덮개에는 꽃무늬와 격자무늬와 방울무늬가 섞여 있을 수도 있어요. 아니 심지어는 개미가 보는 지평선 바로 너머부터는, 침대덮개의 무늬는 얼룩과 선과 점들이 제멋대로 뒤섞여진 난장판일 수도 있어요.

우리는 개미와 비슷한 입장에 있어요. 세계는 단지 국지적 규칙성만 있고 **전체적** 규칙성은 없는, 거대한 패치워크에 불과할 수도 있어요. 가령, 태양이 매일 떠오르고, 봄에는 나무에서 새순이 자라

● 기하학적 형태의 작은 조각천들을 이어서 만든 모자이크 형태의 덮개나 이불.

나고, 손에서 놓은 물건이 아래로 떨어지는 등의 일은 단지 국지적 규칙성에 불과한 것인지도 몰라요. 아마 세계는 지평선만 살짝 넘어도, 제멋대로 일이 벌어지는 난장판일지도 모르죠. 과연 이것이 사실이 아니라고 가정할 만한 근거가 있을까요?

진이가 이제 설명하는 것처럼 우리는 아무런 근거도 없이 그렇게 가정합니다.

진이⌐ 그렇다면 문제는 이래. 만약 네가 자연이 한결같다는 가정을 **정당화하지** 못한다면, 네가 귀납을 사용하는 것 자체가 정당화될 수 없어. 따라서 귀납적 추론에 근거한 모든 결론들 또한 정당화될 수 없지. 내일 태양이 떠오르리라는 네 믿음 또한 정당화될 수 없어.

한결⌐ 맞아.

진이⌐ 그렇다면 어떻게 자연이 한결같다는 가정을 **정당화할** 수 있을까?

우리에게는 두 가지 선택지가 있어요. 먼저, **경험에** 호소할 수 있지요. 즉 여러분이 관찰해온 것에 호소하는 거죠. 아니면, **경험에 의존하지 않고도** 가정을 정당화할 수 있을지도 몰라요. 한결이는 자연을 관찰하지 않는다면 자연이 한결같다는 점을 알 수 없다고 주장하려 합니다.

한결⌐ 분명히, 우리는 자연이 한결같다는 점을 경험에 의존하지 않고서는 알 수가 없어.

진이⌐ 나도 동의해. 오감, 즉 보고 듣고 만지고 맛보고 냄새 맡는 것은 세계를 향해 우리가 가지고 있는 유일한 창이야. 자연에 대한 우리의 지식은 이 감각들에 의존하고 있어.

한결 ― 그렇지.

진이 ― 다시 말하면, 자연이 한결같다는 가정을 정당화하기 위해서는, 우리가 주변세계에 대해 **경험한** 것들에 호소해야만 해.

한결 ― 그래. 자연이 한결같다는 가정은 경험에 의해 **정당화되는** 것 같아. 그렇지 않니?

진이 ― 아냐. 정당화되지 않아. 자연이 한결같다는 가정은 모든 시간과 **모든** 장소에 대해 성립한다는 말이야. 그렇지?

한결 ― 그래.

진이 ― 그러나 너는 자연의 **모든** 것을 직접 관찰할 수가 없어. 너는 미래도 관찰할 수 없고, 먼 과거도 관찰할 수 없지.

한결 ― 물론 그렇지.

진이 ― 그렇다면, 자연이 한결같다는 가정을 정당화하기 위해서는 반드시 다음과 같은 형식을 띠어야 해. 먼저 너는 자연이 이 주변에서 그리고 현재 싯점에 한결같다는 점을 관찰하지. 그러고 나서 다른 모든 시간이나 다른 모든 장소에서도 그처럼 자연이 한결같을 것이라고 **추론해**. 동의하니?

한결 ― 그런 것 같아.

진이 ― 그런데 그 추론 **자체가** 귀납적 논증이야!

한결 ― 그렇구나.

진이 ― 그러므로 네 정당화는 **순환적**이야.

여기에서 우리는 흄의 논증의 요점에 도달합니다. 자연이 한결같다는 가정이 입증될 수 있다면, 그것은 다음과 같은 방식으로만 가능합니다. 즉 자연이 한결같음을 이 주변에서 그리고 현재 싯점에서 관찰한 다음, 틀림없이 **전체적으로도** 그럴 거라고 결론을 내립니다.

그런데 이러한 정당화 자체가 귀납적이지요. 우리는 정당화하기로 되어 있는, 바로 그 추론형식을 사용하고 있는 거예요. 이런 순환적인 정당화를 받아들일 수 있을까요?

순환의 문제

진이는 받아들일 수 없음이 분명하다고 생각합니다.

한결 ─ 순환적인 정당화의 문제점은 뭘까?

진이 ─ 음, 너 혹시 요즘 족집게점쟁이로 유명한 관심보살 아니? 자, 이제 내가 이 관심보살이 한 모든 말을 신빙성있는 정보라고 믿는다고 상상해봐.

한결 ─ 뭐라고? 그런 바보 같은 짓이 어디 있니?

진이 ─ 그냥 그렇다고 가정해봐. 관심보살은 자기가 하는 모든 말이 신빙성있는 정보라고 주장하고, 나는 관심보살의 주장에 근거해서 관심보살에 대한 전적인 신뢰를 정당화한다고 해봐. 관심보살이 스스로 자신은 믿을 만한 사람이라고 말하기 때문에 나는 그를 믿는 거야.

한결 ─ 그것은 정당화라고 할 수 없어! 너는 관심보살이 스스로 자신이 믿을 만하다고 주장하는 걸 신뢰하기 **전에**, 관심보살을 믿을 만하다고 추정할 수 있는 근거를 가져야 해.

진이 ─ 정확하게 지적했어. 그 순환적인 정당화는 받아들일 수 없어. 왜냐하면 그 정당화는 관심보살이 믿을 만하다고 **전제**하고 있기 때문이야.

한결 ― 그래. 동의해.

진이 ― 그런데 귀납을 정당화하려는 네 시도 또한 같은 이유로 받아들일 수가 없어. 귀납을 정당화하기 위해서는, 너는 자연이 한결같다는 가정을 먼저 정당화해야만 해. 그러나 자연이 한결같다는 가정을 정당화하는 동안, 너는 귀납에 의존하고 있어. 그것은 받아들일 수 없어. 너는 단지 귀납이 믿을 만하다고 **전제**하고 있어.

우리는 이제 흄의 비범한 논증을 요약할 수 있어요. 모든 귀납적 추론은, 자연이 한결같다는 가정에 의존하고 있는 것처럼 보여요. 그런데 이 가정은 어떻게 정당화될 수 있을까요? 오직 경험으로만 정당화될 수 있을 거예요. 그런데 우리는 자연이 한결같다는 점을 **직접** 관찰할 수는 없어요. 따라서 우리가 직접 관찰해온 것, 즉 '국지적 한결같음'(local uniformity)에서 자연이 한결같다는 점을 **추론해야만** 해요. 그러나 **그 추론 자체가 귀납적**이지요. 그러므로 우리는 그 가정을 정당화할 수 없어요. 결국 귀납에 대한 우리의 믿음은 정당화되지 않습니다.

그러나 귀납은 잘 작동하지 않나?

아마 여러분은 아직도 납득하지 않았을 겁니다. 여러분은 귀납을 신뢰하는 것과 관심보살을 믿는 것 사이에는 명백한 차이점이 있다고 주장할지도 모르겠어요. 귀납은 **실제로 잘 작동하지 않나요?** 귀납은 수없이 많은 참인 결론들을 생성해왔어요. 귀납적 방법을 이용해서 우리는 슈퍼컴퓨터와 핵발전소를 만들었고, 심지어 인간을 달에 보내기까지 했어요. 그러나 관심보살은 형편없거나 믿을 수 없는 예언을 했을 뿐이에요. 이게 바로, 귀납은 참인 믿음들을 만들기 위한 믿을 만한 기제(機制)인 데 반해, 관심보살은 그렇지 않다는 근거예요.

물론, 문제는 이 자체가 귀납적 추론의 예라는 점이에요. 요컨대 우리는 **지금까지 귀납이 잘 작동해왔으며**, 그러므로 귀납은 계속해서 잘 작동할 것이라는 논증을 펼치고 있어요. 그러나 지금 귀납의 신빙성 자체가 문제시되고 있기 때문에, 이러한 순환적인 정당화는 받아들일 수 없어요. 결국 이것은 관심보살의 주장을 정당화하기

왜 내일도 태양이 떠오르리라고 기대할까?

위해, 자신의 주장은 믿을 만하다는 관심보살의 주장을 근거로 제시하는 것과 마찬가지인 것 같네요.

놀라운 결론

우리가 마침내 다다른 결론은 회의적 결론입니다. 회의주의자들은, 우리가 안다고 생각하는 것을 우리가 모른다고 주장하죠. 이 글에서 다룬 회의주의는 **관찰되지 않은 것들에 대한 지식,** 그것에 관한 회의주의예요. 흄과 진이에 따르면, 관찰되지 않은 것들에 대한 우리의 믿음은 정당화되지 않으며, 따라서 우리는 관찰되지 않은 것들에 대한 **지식**을 가지고 있지 않아요.

흄의 결론은 환상적이에요. 어떤 사람을 대상으로 흄의 결론이 환상적이라는 점을 인정하는가 여부를 검사해보면, 그가 흄의 논증을 실제로 잘 이해하고 있는지를 알아볼 수 있어요(철학을 처음 접하는 많은 학생들은 흄을 오해하곤 해요. 그들은 흄의 결론은 단지, 우리는 내일 일어날 일에 대해 **확신할 수 없다**는 주장 정도로만 생각하지요). 사실, 흄의 결론은 대단히 환상적이어서, 한결은 진이가 실제로 그 결론을 기꺼이 받아들이고 있다는 사실조차 믿을 수 없어요.

한결─ 넌 우리가 지금까지 관찰해온 것들은 미래에 일어날 일들에 대해 **아무런 단서도 제공하지 않는다**고 주장하는 거니?

진이─ 그럼. 물론 똑같은 방식의 일이 계속 일어날 **수도** 있어. 태양은 아마 계속해서 떠오를 거고, 의자는 계속해서 우리의 몸무게를 지탱할 거야. 그러나 이러한 사실들을 믿을 만한 **정당화가** **전혀 없어.**

한결 ˹ 좋아. 확실하게 짚고 넘어가자. 만약 어떤 사람이 내일 아침 지평선 너머로 거대한 튤립화분이 떠오를 거라고 하거나, 멀쩡한 의자에 앉자마자 의자가 무너진다거나, 정수기에서 나오는 물에 독이 섞여 있을 수도 있다거나, 손에서 물건을 놓으면 하늘로 솟구칠 거라고 믿는다면, 그 사람을 **미친** 사람이라고 생각하지 않겠니?

진이 ˹ 그야 그렇지.

한결 ˹ 그런데 네 말이 참이라면, 미래에 대한 그러한 '미친' 믿음이, 내일 태양이 떠오를 거라는 믿음처럼 '분별 있는' 믿음과 마찬가지로 증거상 동등하게 지지되게 돼. 합리적인 관점에서

볼 때, 우리는 이 '미친' 믿음이 '분별 있는' 믿음과 동등하게 참일 수 있다는 점을 인정해야 해.

진이⎯ 그래. 내 말이 바로 그 말이야.

한결⎯ 그런데, 실제로 그렇게 믿니? 정말로 내일 아침에 초대형 튤립화분이 지평선 위로 떠오를 수도 있다고 믿고 있니?

진이⎯ 음, 사실은 그렇게 믿고 있는 건 아니야.

한결⎯ 뭐라고?

진이⎯ 나도 내일 태양이 떠오를 거라고 믿고 있어. 여러가지 이유로 그렇게 믿을 수밖에 없어. 합리적인 관점에서 보면, 그렇게 믿어서는 안된다는 걸 나도 이해하고 있어. 그런데 나의 믿음이 전적으로 비합리적이라는 점을 깨닫고 있는 동안에도, 그렇게 믿는 것을 그만둘 수가 없어.

왜 우리가 믿는가에 대한 흄의 설명

진이와 마찬가지로 흄도 다음과 같은 점을 인정합니다. 우리는 내일 태양이 떠오르리라고 **믿을 수밖에 없으며**, 의자가 계속 내 몸무게를 지탱하리라는 점을 **믿을 수밖에 없다**는 거죠. 흄의 견해에 따르면, 우리의 마음이 그렇게 구성되어 있어서, 우리가 규칙성을 목격하게 되면 그 규칙성이 계속될 것이라고 믿을 수밖에 없어요. 믿음은 우리가 경험해온 패턴들에 대한, 일종의 무릎반사와 같은 무의식적인 반응이에요.

왜 내일 태양이 떠오르리라고 믿을까에 대한 흄의 설명은, 이 믿음이 실제로 참이라고 가정하는 것에 대한 어떤 이유나 근거도 주지 않습니다.

왜 어떤 사람이 무엇인가를 믿을까에 대해 두 가지 방식으로 설명할 수 있습니다. 우리는 어떤 사람이 믿음을 가지는 이유나 근거 또는 증거를 줄 수 있어요. 또한, 그 사람이 믿고 있는 것을 왜 믿게 되었는지를 설명하는 원인을 제시할 수도 있어요.

어떤 믿음에 대한 인과적 설명을 제시하는 것은, 그 믿음에 대한 합리적 정당화를 위해서 필요한 것이 아니에요. 다음 예들을 살펴봅시다.

- 영구는 자신이 주전자라고 믿는다. 왜냐하면 영구가 그런 믿음을 가지도록 최면에 걸렸기 때문이다.
- 맹구는 요정이 있다고 믿는다. 왜냐하면 맹구가 정신병을 앓고 있기 때문이다.
- 병구는 외계인의 납치를 믿는다. 왜냐하면 사이비종교단체인 외계인납치교단이 병구를 그렇게 세뇌했기 때문이다.

이건 순수한 인과적 설명들이에요. 어떤 사람이 최면에 걸렸기 때문에 자신이 주전자라고 믿는다는 점을 지적하는 것은, 그 믿음이 참이라고 주장하는 데 대한 어떠한 근거도 제공하지 않지요.

한편, 다음과 같은 설명은 어떤 믿음에 대한 근거를 제공해요(물론 그 근거가 좋은 근거라고 말하는 것은 아니에요).

• 옥동자는 사주팔자 운세를 믿는다. 왜냐하면 일간신문의 사주팔자 운세가 맞은 날이 상당히 많았기 때문이다.

재미있는 것은, 최면에 걸린 사람들에게 자신이 왜 주전자라고 믿는지를 물어보면, 거의 대답을 하지 못하는 경우가 많다는 점이에요. 그들은 올바른 인과적 설명을 할 수 없어요(자신이 최면에 걸려 있다는 사실을 모른다고 가정할 때). 그리고 자신의 믿음에 대한 납득할 만한 정당화를 제공할 수도 없을 거예요. 아마 그들은 스스로도 비합리적임을 알고 있으면서도 그 믿음에서 벗어나지 못하고 있을지 모릅니다.

이와 비슷하게, 왜 우리가 내일 태양이 떠오르리라고 믿는지에 대한 흄의 설명은, 그 믿음이 참이라고 가정하는 것에 대한 어떠한 근거도 제공하지 않아요. 흄도 이 점을 인정해요. 사실, 우리는 그 어떤 근거도 가지고 있지 않지요. 그저 우리 자신이 그런 믿음을 떨쳐버릴 수 없음을 발견할 뿐이죠.

생각 모으기

만약 흄이 옳다면, 내일 태양이 떠오르리라는 믿음은, 내일 태양 대신에 거대한 튤립화분이 떠오르리라는 믿음만큼이나 정당화되지 않아요. 우리는 두번째 믿음을 가진 사람을 미친 사람으로 보죠. 그런데 만약 흄이 옳다면, 첫번째 믿음이 두번째 믿음보다 실제로 더 합리적인 것은 아니에요. 물론 이것은 매우 어리석은 주장처럼 보일 거예요. 그러나 흄은 심지어 왜 이것이 매우 어리석은 주장으로 생각되는가에 대해서도 설명해주죠. 우리는 귀납적으로 **추론할 수밖에 없는** 방식으로 만들어졌기 때문에 이런 비합리적인 믿음을 가질 수밖에 없다는 거예요.

흄의 논증은 철학자나 과학자 모두를 계속해서 혼란에 빠뜨리고 있어요. 아직까지 흄이 옳은지 여부에 대해 합의된 건 없어요. 어떤 사람들은 관찰되지 않은 것들에 대한 흄의 회의적 결론을 받아들일 수밖에 없다고 믿어요. 반면, 다른 사람들은 그 결론이 분명 엉뚱하고 어리석다고 생각하지요. 그러나 흄의 논증에서 정확하게 **무엇이** 잘못되었는지를 보여주는 것은 '상식'을 옹호하는 사람들의 몫이에요. 그런데 이것을 보여주는 데 성공한 사람은 아직까지 없었어요(아니면 적어도 이것을 보여주는 데 성공했음을 대다수 철학자들에게 설득시킨 사람은 아직까지 없었어요).

생각 넓히기

● 이 글은 관찰되지 않은 것에 대한 회의주의를 소개하고 있어요. 제1권의 3장과 8장에서는 다른 형태의 회의주의를 소개합니다. 3장에서는 외부세계에 대한 회의주의를, 8장에서는 다른 사람들의 마음에 대한 회의주의를 다루고 있지요.

● 제2권의 7장에서는 정당화는 지식을 위해 필요하지 않을 수도 있음을 논의합니다. 이러한 제안이 회의주의자들을 물리치는 데 도움이 될 수 있을까요?

제 3 장

우리는 과연 처벌받아야 하나?

03

우리는 우리 자신이 어떻게 행동할 것인지에 대해 자유로운 선택을 할 수 있다고 생각합니다. 일을 할 것이지 말 것인지, 커피를 마실 것인지 말 것인지, 아니면 슈퍼마켓에서 물건을 훔칠 것인지 정직하게 값을 치를 것인지를 마음대로 선택합니다. 그것이 '상식'적 견해죠.

우리는 또 어떤 사람이 훌륭하고 착한 행동을 할 때는 칭찬받아 마땅하다고 생각하며, 어떤 사람이 나쁜 행동을 할 때는 비난받아 마땅하며 심지어 때에 따라서는 처벌받아 마땅하다고 생각합니다.

그러나 이런 생각은 과연 참일까요? 앞으로 살펴보겠지만, 과학적인 원리와 사실에 따르면 그렇지는 않은 것 같습니다.

마군이 스스로를 변호하다

법정에서 연쇄살인범 마군이에 대한 재판이 진행중입니다. 마군이는 스스로를 변호합니다. 중간쯤부터 재판을 지켜보도록 하죠.

마군이 ─ 제가 이 사람들을 죽인 것을 인정합니다.
재판관 ─ 양심의 가책을 느끼지 않습니까?
마군이 ─ 전혀 느끼지 않습니다.
재판관 ─ 더이상 할 말은 없습니까?

마군이 ― 아뇨, 있습니다. 제가 처벌받아서는 안된다는 점을 입증해보겠습니다.

재판관은 미간을 찌푸립니다.

재판관 ― 어떻게 입증하겠다는 겁니까?

마군이 ― 제가 살인을 저지를 수밖에 없었다는 점을 입증해보겠습니다.

재판관 ― 무슨 뜻입니까? 그러니까 당신 말은 누군가가 당신에게 살인을 저지르도록 **강요했다는** 말입니까?

마군이 ― 그게 아닙니다. 누구도 제 머리에 총을 겨누지는 않았습니다. 그러나 저는 그들을 죽이는 것 외에 달리 방법이 없었습니다.

재판관 ― 알겠습니다. 그러니까 당신은 일종의 정신병을 앓고 있다고 주장하는 겁니까?

마군이 ― 아닙니다. 제 정신은 말짱합니다. 그렇지만 저는 **자유롭게 행동하지 못했습니다.** 따라서 저는 처벌을 받아서는 안됩니다.

마군이의 주장은 아마 분노를 자아낼 겁니다. 그러나 마군이가 지금부터 설명하는 것처럼, 과학적 원리와 사실은 마군이의 주장을 뒷받침해주는 것 같네요.

강한 결정론

재판관 ⎯ 무슨 말인지 이해하지 못하겠습니다.

마군이 ⎯ 그럼 증인을 한 분 모시겠습니다. 세계적으로 저명한 물리학자인 강결정 박사입니다.

강결정 박사가 증인석에 등장하네요.

강박사 ⎯ 안녕하십니까?

마군이 ⎯ 강박사님. 결정론이 무엇인지 설명해주시겠습니까?

강박사 ⎯ 예. **결정론**(determinism)이란, 엄밀하고 예외없는 법칙, 즉 자연법칙이 세계를 지배한다는 주장입니다. 결정론자들은 특정한 싯점의 세계상태와 자연법칙이 미래에 일어날 일을 **필연적으로 일으킨다**고 주장합니다.

강박사 말은 옳아요. 사실, 1만년 전의 세계상태와 자연법칙을 완전히 안다면, 원리적으로는 최후의 분자운동에 이르기까지 그 이후에 일어나는 모든 일을 예측할 수 있다고 결정론자들은 믿지요.

마군이 ⎯ 잘 알겠습니다. 그런데 결정론은 세계에서 일어나고 있는 **모든 일**에 적용됩니까? 심지어 제 행동에도 적용됩니까?

강박사 ⎯ 물론입니다. 당신 신체의 모든 운동 또한 다른 것과 마찬가지로 동일한 자연법칙의 지배를 받습니다.

재판관 ⎯ 잠깐만 기다려주십시오. 이해되지 않는 점이 있습니다. 인간행농에도 법칙이 있다고 말씀하시는 겁니까? 예를 들어, '어떤 사람이 배가 고프다면, 그는 무언가를 먹을 것이다'와 같은 법칙은 존재하지 않습니다. 확실히 배가 고픈 사람들은 무언가를 먹는 경향이 있습니다. 그러나 어떤 사람들은 먹지 않는 쪽을 선택할 수도 있습니다. 경우에 따라서는 스스로 굶어죽기도 합니다. 이것은 인간행동이 법칙의 지배를 받지 **않는**다는 점을 보여주는 것 아닙니까?

강박사⌐ 아마도 인간행동에는 법칙이 없을 겁니다. 저는 그런 법칙이 존재한다고 주장하지는 않았습니다. 그런데 인간은 무수히 많은 아주 작은 입자들로 이루어져 있습니다. 수많은 전자·양성자·중성자 등이 빙글빙글 돌면서 복잡다단하게 인간을 구성하고 있습니다.

결정론에 따르면, 이 모든 입자는 각각 엄밀하고 냉혹한 자연법칙에 속박되어 있어요. 인간을 구성하는 입자들은, 그것들이 실제로 하는 일과 다른 어떤 일을 할 수는 없지요. 그렇다면 인간은 **자유**롭지 않습니다. 인간도 다른 것과 마찬가지로 동일한 물리적 법칙의 **지배를 받습니다.**

마군이⌐ 결정론에 따르면, 저는 제가 한 일 이외의 다른 어떤 일도 할 수 없었습니다. 제게는 다른 식으로 할 수 있는 자유가 없었습니다.

강박사⌐ 그렇습니다. 그런 결론이 도출됩니다.

강박사가 방금 제시한 입장은 **강한 결정론**(hard determinism)이라고 합니다. 강박사의 견해에 따르면, 여러분은 거대한 우주라는 기계 속에 있는 하나의 톱니바퀴에 불과해요. 마치 손목시계의 작은 톱니바퀴들이 그렇듯이 여러분은 자신만의 일을 아무것도 할 수 없어요. 결정론자들에 따르면, 여러분이 해온 일과 여러분이 하게 될 모든 일은 자연이 미리 정해놓았어요. 강한 결정론자들은, **결정론이 참이므로 우리는 자유의지를 가지고 있지 않다는 결론이 도출된다**고 믿어요.

도덕적 책임

만약 우리에게 자유의지가 없다면, 마군이가 설명하는 것처럼, 우리가 하는 일에 대해 도덕적 책임을 져야 한다고 말할 수 없을 것 같네요.

마군이 ⎯ 저는 제가 통제할 수 있는 사건에 대해서만 책임질 수 있습니다. 이것이 법의 관점입니다. 그렇지 않습니까?
재판관 ⎯ 그렇습니다.
마군이 ⎯ 재판관님께서도 들으셨죠? 세계적인 물리학자께서 설명하셨듯이, 저는 제가 한 일을 할 수밖에 없었습니다. 제가 다른 식으로 행동할 수 없었다면, 분명히 저는 그 사람들을 죽인 것에 대해 법률적으로나 도덕적으로나 책임을 질 수 없습니다.

마군이의 이러한 변론은 타당한 것 같습니다. 만약, 어떤 사람이 창밖으로 떨어졌는데 마침 우연히 그 밑을 지나가던 행인이 그 사람에게 깔려 죽었다고 해서, 창밖으로 떨어신 그 사람에게 책임시라고 하지는 않지요. 그렇다면 우리는 어떻게 해야 마군이에게 그가 한 행동에 대해 책임지라고 정당하게 요구할 수 있을까요? 구름이 바람을 거슬러 흘러갈 수 없듯이 아니면 강물이 상류로 흘러갈 수 없듯이, 마군이는 그 사람들을 죽일 수밖에 없었다는데요.

재판관⌐ 당신의 말이 참이라면, 그 누구도 결코 처벌받아서는 안됩니다.

마군이⌐ 바로 그렇습니다. 우리 **모두**는 자연의 음악에 맞춰 춤추는 무력한 꼭두각시에 불과합니다.

마군이의 변호는 자못 강력해 보입니다. 그러나 과연 빈틈이 없을까요?

자유의 느낌

재판관은 설득되지 않습니다.

재판관⌐ 우리가 **자유롭**다는 것은 분명합니다. 우리는 다른 식으로 행동할 수 있는 우리 자신만의 자유를 내적으로 의식하고 있습니다. 예를 들어보겠습니다. 저는 완전히 자유롭게 제 팔을 올릴 수도 있고 올리지 않을 수도 있습니다.

그러면서 재판관은 팔을 올립니다.

재판관 ⎯ 자, 이제 팔을 올렸습니다. 그러나 저는 마찬가지로 팔을 올리지 않기로 손쉽게 결정할 수도 있었습니다. 저는 결정하는 순간에 제가 어느 쪽으로도 행동할 수 있다는 것을 의식하고 있었습니다.

우리가 스스로 자유롭다고 느낀다는 재판관의 견해는 옳습니다. 사실, 이 자유의 느낌은 우리가 잘못된 행동을 하도록 유혹당할 때 가장 분명하게 의식할 수 있죠. 우리는 케이크를 훔칠 것인가 말 것인가를 자유롭게 결정할 수 있다고 믿기 때문에 어떤 행동을 취할 것인가를 두고 고민합니다.

마군이 ⎯ 재판관님이 자유로운 선택을 할 수 있는 것처럼 느낄 수도 있지만, 그렇게 보이는 것은 기만적일 뿐입니다. 우리와 마찬가지로 재판관님도 밀물과 썰물, 암석의 낙하, 행성의 운동, 그리고 그밖의 모든 자연현상을 지배하는 예외없는 자연법칙을 따라야 합니다. 바로 과학이 이 점을 말해주고 있지요. 재판관님이 때로는 팔을 올리고 때로는 팔을 올리지 않을 수 있는 건 사실입니다. 그런데 바로 이 사실 때문에 재판관님이 착각에 빠지고 있습니다. 재판관님은 지금 그 둘 중 하나를 할 수 있다고 가정하게 됩니다. 재판관님이 때로는 팔을 올리고 때로는 팔을 올리지 않을 수 있다는 점이 사실이라고 해서 재판관님의 통제 밖에 있는 자연의 법칙에 따라 일어나야 할 일들이, 일어나지 않을 것이라는 점이 함축되지는 않습니다.

철학자 아르투르 쇼펜하우어(Arthur Schopenhauer, 1788~1860)

도 『의지의 자유에 관하여』라는 저서에서, 방금 마군이가 말한 것과 동일한 주장을 제시했어요. 쇼펜하우어는 물이 수많은 다양한 방식으로 움직인다고 지적합니다. 물은 때로는 아래로 흐르고, 때로는 호수에 고여 조용히 머뭅니다. 그리고 때로는 거칠고 난폭한 바다를 만들 수도 있지요. 물은 이 모든 방식으로 움직일 수 있어요. 그러나 이러한 사실이 내 앞의 잔에 담긴 물이 자연법칙의 명령과는 별도로, 여러가지 방식들 중 어느 한 가지 방식으로 자유롭게 행동할 수 있다는 걸 보여주는 건 아니에요.

마군이의 변론은 타당한가요?

▲ Schopenhauer, Arthur, *On the Freedom of the Will*, Oxford: Blackwell 1985, 43면.

쇼펜하우어는 물의 비유를 끌어다 자유의지에 대한 자신의 견해를 풀어보입니다.

양립론

많은 철학자들은, 결정론이 참인 동시에 자유의지와 양립할 수도 있다고 주장해요. 이것이 양립론자의 입장이죠. **양립론** (compatibilism)의 핵심은 다음과 같아요. 어떤 사람이 '자유롭게 행동했다'고 주장할 때 일상적으로 의미하는 것은, 실제로는 결정론과 모순되지 않는다는 거예요. 양립론에 따르면, 결정론이 참이라고 해도 마군이는 '자유롭게 행동'할 수 있었으며, 따라서 그는 자신이 한 행동에 대하여 처벌받아야 마땅합니다.

김기소 검사는 양립론자를 증인석에 부릅니다.

김검사 ― 증인으로 철학자 양립 교수를 부르겠습니다.

양교수 ― 안녕하십니까?

김검사 ― 양교수님! 교수님께서는 수세기 동안 수많은 철학자들이 믿었던 것처럼, 결정론과 자유의지가 실제로 **양립할 수 있다**고 믿고 계십니까?

양교수 ― 예, 그렇습니다. 제 생각으로는 강박사님께서 혼동하고 계신 듯합니다.

김검사 ― 무슨 혼동입니까?

양교수 ― 우리는 '자유롭다'는 단어를 두 가지 서로 다른 방식으로 사용합니다. 강박사는 이 대목에서 혼동하고 있습니다.

김검사 ― 자세히 좀 말씀해주십시오.

양교수 ― '자유롭게 행동한다'는 말이 단지 **다른 식으로 행동할 수도 있음**을 의미한다면, 마군이씨가 '자유롭게 행동하지' 않았다는 점을 저도 인정합니다. 그러나 '자유롭게 행동한다'는 말의 일상적 의미는 다른 식으로 행동할 수도 있었다는 게 아닙니다.

김검사 ― 그렇다면 그 말의 일상적인 의미는 무엇입니까?

양교수 ― '자유롭게 행동한다'는 말의 일상적인 의미는, 사람들이 **다른 식으로 행동하기로 선택**하였다면, 그들은 다른 식으로 행동할 수 있었을 것이라는 뜻입니다.

철학자 무어(G.E. Moore, 1873~1958)에 따르면, 비록 결정론이 옳다고 해도 우리는 여전히 자유롭게 행동할 수 있어요. 어떤 행동이 자유롭다는 것은, 달리 행동하기로 결정했다면 다르게 행동했을 거라는 점이 참이란 거죠. 그리고 결정론이 참이라고 해도 우리는 여전히, 우리가 달리 행동하기로 결정했다면 다르게 행동했을 거고 올바르게 말할 수 있어요. 따라서 결국 결정론은 자유의지와 양립할 수 있지요.

김검사 ━ '자유롭다'는 말을 일상적 의미로 사용할 때, 교수님께서는 마군이씨가 '자유롭게' 행동했다고 보십니까? 마군이씨는 자유의지를 가지고 있습니까?

양교수 ━ 예, 그렇습니다.

김검사 ━ 그렇다면, 결정론이 참이든 그렇지 않든 간에 마군이씨는 자신이 한 일에 대해 책임져야 한다고 주장할 수 있습니까?

양교수 ━ 예, 그렇습니다. 마군이씨는 자신이 하고 싶은 대로 했다는 의미에서 **자발적으로** 행동했습니다. 따라서 마군이씨는 자신의 행동에 책임을 져야 하며, 처벌받아 마땅합니다.

양립론의 문제

양립론의 주장은 매력적입니다. 왜냐하면 양립론은 사람들이 자신이 **하고 싶은 것**을 하는 것에 대해, 즉 자신들의 **자발적** 행위에 대해 책임져야 한다는 주장을 뒷받침하기 때문이지요.

그런데 양립론은 과연 받아들일 만한 것일까요? 강한 결정론에 따르면 그렇지 않아요. 강한 결정론자들은 양립론자들이 말장난을 한다고 비난하며, '자유롭다'는 말을 자신들의 목적에 들어맞도록 재정의하고 있다고 합니다.

마군이 ─ 양교수님. 교수님 말씀에 따르면, 제가 달리 행동하기로 선택했다면 다르게 행동했을 거라는 점 때문에, 제가 자유롭게 행동하는 게 됩니다. 그리고 이것은 제가 한 일에 대해 책임을 져야 함을 함축합니다.

양교수 ─ 예, 그렇습니다.

마군이 ─ 이제 알겠습니다. 제가 보기에 교수님은 핵심적인 사실을 간과하고 있습니다. 물론, 제가 다른 방식을 선택했다면 저는 다르게 행동했을 것입니다. 그런데 문제는, **저는 다른 방식을 선택할 수가 없었다는 점입니다.** 제 두뇌에서 일어나는 일들은 제가 한 선택을 포함해서, 제 마음에서 일어나는 모든 일들을 고정합니다. 그리고 제 두뇌에서 일어나는 일들은 다른 것들과 마찬가지로 동일한 자연법칙에 구속받고 있습니다. 따라서 저는 달리 행동하는 것을 선택할 수 없었습니다. 그렇지 않습니까?

양교수 ─ 그렇습니다. 그런데 그것이 당신이 비난받아 마땅한가를 결정하는 문제와 무슨 관련이 있습니까?

마군이 ─ 예. 물론 관련이 있습니다. 유사한 사례를 들어보겠습니다. 제가 어떤 사람에게 최면을 걸어 그 사람이 언제나 딸기주스보다 사과주스를 선택하도록 만들었다고 가정해보겠습니다. 물론 그 사람은 최면에 걸린 사실을 모릅니다. 그 사람 앞에는 딸기주스와 사과주스가 놓여 있습니다. 그는 최면에 걸렸기 때문에 사과주스를 선택할 겁니다. 이제, '자유롭다'에 대한 교수님의 특이한 정의에 따르면, 이 사람의 선택은 자유롭습니다. 왜냐하면, 그 사람이 달리 선택했다면 그는 다르게 행동했을 것이기 때문입니다. 인정하십니까?

양교수 ─ 예, 그렇군요.

마군이⌐ 그 사람은 자유롭다고 느끼지조차 못합니다.

양교수⌐ 그렇습니다.

마군이⌐ 최면에 걸린 그 사람은 자유로운 선택을 하지 못합니다. 왜냐하면, 그의 마음은 그가 통제할 수 없는 강제력에 구속되어 있기 때문입니다. 그의 **선택 자체**는 결정되어 있습니다. 이 경우에는 저와 저의 최면술이 그 선택을 결정한 것입니다.

양교수⌐ 사실입니다.

마군이⌐ 그런데, 이것은 일상적인 '자유로운 행동'의 예로 볼 수 있는 것이 아닙니다. 동의하십니까?

양교수⌐ 예, 동의합니다.

마군이⌐ 그런데 만약 최면에 걸린 그 사람이, 달리 선택했다면 다르게 행동할 수 있었을 것이라는 점이 참임에도 불구하고, 자유로운 행동을 하지 못한다면, 자유에 대한 교수님의 정의는 받아들일 수 없습니다.

재판관이 분명하게 할 것을 요구합니다.

재판관⌐ 그렇다면 당신은 이로써 **당신이 책임져야 한다**는 판결을 받지 않을 수 있다는 점을 보여줬다고 생각합니까?

마군이⌐ 물론입니다. 생각해보십시오. 자신의 마음이 자신이 통제할 수 없는 강제력에 전적으로 구속된 사람이 있다면, 자신이 한 일에 대해 책임져야 한다는 판결을 받을 수 없습니다. 이것은

최면에 걸린 사람은 사과주스를 택하지요. 그러나 그게 그 사람의 자유의지인가요?

●
우리는 과연 처벌받아야 하나?

'만약 그들이 달리 선택했다면 다르게 행동했을 것'이라는 양교수님의 지적이 참이라고 해도 그렇습니다. 최면에 걸린 사람은 자신의 행동에 책임이 **없습니다**. 강박사님의 말씀에 따르면, 제 마음은 제가 통제할 수 없는 강제력에 구속되어 있습니다. 말하자면 제 마음은 자연법칙에 전적으로 구속되어 있기 때문에, 저는 책임져야 한다는 판결을 받을 수 없습니다.

자유론: 초자연적 영혼들

이것은 양립론에 대한 강력한 비판입니다. 이를 수용하기 위해 양립론의 입장을 수정해야 할 듯하네요. 그런데 이 수정은 불가능할지도 몰라요. 왜냐하면, 자유와 도덕적 책임을 동시에 허용하는 유일한 방법은 결정론을 거부하는 것이기 때문이에요. 이러한 입장을 **자유론**(libertarianism)이라고 하지요.

이제 김기소 검사는 자유론자를 증인석에 불러세웁니다.

김검사 ― 이제 제 두번째 증인을 부르겠습니다. 오자유씨입니다.

오자유 ― 안녕하세요?

김검사 ― 오자유씨. 당신은 우리 각자가 자유롭다고 보십니까?

오자유 ― 예, 그렇습니다. 저는 양립론을 거부합니다. 그리고 결정론도 거부합니다. 제 생각에 우리는 모두 **영혼**입니다. 이 영혼이 바로 선택과 결정을 하는 겁니다. 저는 이 영혼이 **자연적 질서 밖**에 있다고 봅니다. 영혼은 비물질적인 어떤 것, 즉 **초자연적인 것**입니다.

김검사 ― 영혼은 자연법칙에 구속되지 않습니까?

오자유 ― 정확하게 그렇습니다. 영혼은 **자유롭습니다.**

김검사 ― 다시 말하자면, 마군이씨의 선택은 자유로우며, 도덕적으로 비난받아 마땅하다고 판결할 수 있다는 말씀이십니까?

오자유 ― 예, 그렇습니다.

마군이가 반대신문을 합니다.

마군이 ― 개인적으로는, 영혼 같은 괴상한 것들의 존재를 믿을 수 없습니다. 그것들이 존재한다는 견해를 정당화하는 것은 틀림없이 당신의 몫입니다. 당신이 우연히 영혼에 대한 **견해를** 가지고 있다는 점을 근거로 저를 감옥에 보낸다면, 그것은 분명히 옳지 않은 일입니다.

오자유 ― 저는 그 근거들을 제공할 수 있다고 생각합니다. 우리 각자는 자연이 명하지 않는 것을 할 수 있는, 우리만의 자유를 내적으로 의식합니다.

마군이와 쇼펜하우어가 이미 지적한 것처럼, 이러한 자유의 느낌은 별로 중요한 것 같지는 않습니다. 이것이 우리가 자연법칙에 구속되어 있지 않다는 점을 입증하지는 않지요.

마군이 ― 당신의 주장은 약간 엉뚱하고 어리석다는 생각이 드는군요. 좋습니다. 그렇다면 영혼이 **어떻게** 신체를 통제하는지 설명해줄 수 있습니까?

오자유 ― 영혼은 두뇌에서 벌어지는 일에 영향을 미침으로써 신

073

체를 통제하게 됩니다. 영혼의 영향을 받는 두뇌가 사람들의 몸이 움직이는 방식에 영향을 미치게 되는 것입니다.

마군이 ─ 그런데, 강박사님께서 이미 말씀하셨듯이, 두뇌에서 벌어지는 일을 포함하여 세계에서 벌어지는 모든 일들은 자연법칙이 결정합니다. 두뇌에서 벌어지는 일은 자연이 미리 고정해버려서 결코 바뀔 수 없습니다.

오자유 ─ 그 점에 관해 강박사님께서 말씀하신 것은 틀렸습니다.

마군이 ─ 예?

오자유 ─ 물론 일반적으로 볼 때 자연법칙이 세계를 지배하는 건 사실이지만, 이것이 두뇌에도 언제나 적용되는 건 아닙니다. 물질적인 것이 아닌 영적인 어떤 것인 영혼은, 자연의 체계 밖에서 **들어와** 자연법칙을 **무효화합니다.** 말하자면, 영혼은 영혼이 작용을 하지 않았다면 일어나지 않을 일들을 일어나게 만듭니다.

마군이 ─ 그것이 당신의 견해입니까? 당신은 자연법칙이 세계 전체에 두루 적용되지만, 어느 **지점만큼**은 예외라는 견해를 가지고 있습니까? 당신은 인간의 두뇌가 자연적 질서 밖에 있는 영혼에서 전송을 받는 일종의 안테나 구실을 한다고 믿고 있습니까?

오자유 ─ 바로 그렇습니다.

마군이 ─ 그런데 그것은 과학적으로 도저히 인정할 수 없습니다.

자연법칙이 우리의 두뇌만을 제외한 모든 곳에서 적용된다는 주장은 선뜻 믿기 어렵습니다. 이 주장을 받아들이기 위해서는 더 좋은 근거들이 필요할 것 같네요.

우리는 그 근거들을 가지고 있나요? 이미 우리가 자유롭다고 느낀다는 난순한 사실 자체는 결코 강력한 근거가 될 수 없음을 살펴보았어요.

또다른 자유론의 입장

김기소 검사는 마군이의 변호를 무력화하기 위한 마지막 방책을 강구합니다. 김검사는 또다른 자유론의 입장에 호소합니다. 이 입장은 오자유가 주장하는 초자연적 영혼이론을 굳이 필요로 하지 않아요.

김검사 ― 강박사를 다시 증인으로 부르겠습니다. 강박사님! 박사님께서는 결정론에 대해 이미 말씀해주셨습니다. 그런데 결정론은 참입니까?

강박사 ― 음, 엄밀하게 말하자면, 결정론은 참이 아닙니다. 간단하게 말씀드리겠습니다. 자연에 상당한 정도의 미결정성(indeterminacy)이 있다는 점을 과학자들은 알아냈습니다. 원자보다 낮은 단계의 입자들은 **엄밀하고 예외없는 법칙들**에 옴짝달싹도 못하도록 꽉 죄어 있는 게 아닙니다. 앞으로 일어날 일들은 어느정도는 자연법칙을 통해 정해져 있지 않은 채로 남아 있습니다. 아인슈타인(A. Einstein, 1879~1955)은 이 점을 거부했습니다. '신은 주사위를 던지지 않는다'는 아인슈타인의 주장은 유명합니다. 그러나 그는 옳지 않은 것 같습니다. 양자역학은 결정론을 거부합니다. 양자역학에 따르면, 앞으로 세계에서 일어날 일들은 어느정도는 임의적이며, 순수한 우연의 문제입니다.

김검사 ― 그렇다면 마군이씨가 살인을 저지른 바로 그날, 그의 두뇌에서 일어난 어떤 일들은 이미 **결정된** 것이 아니었을 가능성이 있습니까? 임의로 발생했을 가능성이 있습니까?

강박사 ― 예, 그렇습니다.

김검사 ― 그렇다면 그 경우 마군이씨의 선택과 행동은 결정되어 있을 **필요가** 없다고 볼 수 있습니까?

강박사 ― 예, 결정되어 있을 필요가 없습니다.

김기소 검사는 결국 마군이가 유죄라는 점을 입증했을까요?

사실, 양자세계의 미결정성은 마군이의 선택과 행동 중 일부는 결정되어 있지 않았다는 점을 함축할 수도 있습니다. 그렇지만 이 점만으로는 마군이가 자유의지를 가졌다는 점을 보여주기에 충분하지 않아요. 마군이는 이에 대해 설명합니다.

마군이 ― 아주 독창적인 주장입니다만, 글쎄요, 그 주장은 실패작입니다. 아시다시피, 우리의 행동이 이미 결정된 사건들의 결과라는 견해와 자유의지가 양립할 수 없는 것과 마찬가지로, 우리의 행동이 임의적 사건의 산물이라는 견해와 자유의지도 양립할 수 없습니다.

재판관 ― 그 이유를 설명해주시겠습니까?

마군이 ― 내 두뇌에서 일어난 어떤 사건, 가령 뉴런이 순전히 자발적으로 발화함으로써, 내 손가락이 갑자기 방아쇠를 당겨 당신의 코앞에서 총을 쐈다고 가정해보겠습니다. 분명히 저는 도덕적으로 비난받을 수 없습니다. 일련의 내 행동들은 우연적인 사건에서 유래했습니다. 즉 그 사건

우리가 자연세계에 있는 작은 입자들의 현재상태를 알고 있고, 또 물리적 법칙을 알고 있다면, 미래에 어떤 사건이 일어날지 쉽게 알 수 있을 겁니다. 자연세계는 법칙에 따라 정확한 기계처럼 움직이겠지요. 아인슈타인은 '신은 주사위를 던지지 않는다'는 말로 이런 세계관을 표현했습니다.

이 내 통제를 벗어나 있었음을 의미합니다. 따라서 나는 그 일에 대한 책임을 져서는 안됩니다.

마군이가 옳은 것 같습니다. 마군이에게 도덕적 책임을 묻기 위해서는 **마군이가 스스로** 자신의 행동을 통제할 수 있어야 한다는 점을 보여 주어야 합니다. 불행하게도 그의 행동이 임의적인 사건들의 결과라는 주장은, 자연법칙이 그 사건들을 결정한다는 주장과 마찬가지로, 마군이가 자신의 행동을 통제할 수 있었음을 보여주지는 않습니다.

'불확정성의 원리'를 제시한 하이젠베르크(W.K. Heisenberg, 1901~1976)에 따르면, 우리는 작은 입자들의 현재상태를 결코 알아낼 수 없어요. 단지 확률적으로 추측할 수밖에 없지요. 따라서 미래를 정확히 예측하는 것은 불가능한 일이에요. 미래는 확률이란 우연에 달려 있을 따름이죠.

판결

재판관 ― 저는 당신의 변론이 상당히 인상 깊었다는 점을 고백합니다. 당신은 당신이 무죄일 가능성에 대하여 매우 합리적으로 논의했습니다. 그리고 저는 당신의 논의에 상당한 설득력이 있다고 생각합니다.
마군이 ― 그렇다면 저를 풀어주시겠습니까?
재판관 ― 그렇지 않습니다. 저는 당신을 도덕적으로 비난할 수 없다는 점을 인정합니다. 그렇지만 저는 당신을 가두어두는 것이 여전히 정당화된다고 생각합니다. 어떤 사람이 자유의지도 없고 처벌받아 **마땅하지 않다**고 하더라도, 그 사람을 가두어둘 수 있는 상당한 근거가 있습니다.

마군이 ― 무슨 근거입니까?

재판관 ― 비록 당신이 처벌받아 마땅하지는 않지만, 처벌하는 것이 여전히 적절합니다. 왜냐하면, 당신을 처벌함으로써 다른 사람들이 유사한 범죄를 저지르는 것을 막을 수 있기 때문입니다.

마군이 ― 그렇긴 하겠습니다.

재판관 ― 그리고 당신의 재활을 돕기 위해 당신을 어딘가에 보낼 수도 있습니다. 아마 당신은 그곳에서 그런 범죄를 다시는 저지르지 못하도록 치료를 받게 되겠지요.

마군이 ― 글쎄요?

재판관 ― 무엇보다 중요한 것은, 만약 당신이 또다시 범죄를 저지를 가능성이 있다는 판단이 들 경우에는……

마군이 ― 음, 아마 그럴 수 있을 겁니다.

재판관 ― 다시는 범죄를 저지르지 못하도록 정당하게 당신을 감옥에 가두어버릴 것입니다.

마군이는 다시 감방으로 끌려갔습니다.

생각 모으기

우리는 종종 사람들이 처벌받아 마땅하다고 믿지만, 현대과학은 이러한 '상식'적 견해를 심각한 의심 속에 빠뜨려버립니다. 우리가 무엇을 하든 간에, 우리가 한 일에 대해 비난받을 수 없는 것처럼 보입니다. 물론 여전히 감옥이나 다른 형태의 처벌이 하는 역할은 있을 수 있지요. 그러나 처벌에 대한 우리의 태도는 근본적으로 수정되어야 할 것 같습니다. 수정하고 싶지 않다면 마군이의 논증에서 결점을 찾아내야만 해요.

생각 넓히기

●이 글에서는 '상식'적 견해가 철학적 논증의 도전을 받고 있습니다. 제시된 철학적 논증은, 상식적 관점에서 보는 것과는 반대로 우리가 자유롭지 않다는 점을 보여주는 것처럼 보입니다. 상식과 상반되는 결론을 제시하는 다른 철학적 논증들에 관해서는 제1권의 3장, 8장, 제2권의 2장, 13장을 참고하세요.

제 4 장

의미의 신비

언어는 비상하게도 강력한 힘을 가진 도구입니다. 이는 우리가 가진 가장 중요한 도구죠. 소리와 꼬불꼬불한 글자, 그리고 다른 기호들은 어떻게 해서 무엇인가를 의미하는 놀라운 힘을 얻게 될까요? 의미란 정확하게 **무엇일까요?** 이 글에서는 유명한 철학자인 존 로크(John Locke, 1632~1704)와 루트비히 비트겐슈타인(Ludwig Wittgenstein, 1889~1951)의 몇몇 핵심 아이디어를 살펴보려고 합니다.

의미는 어디에서 유래할까?

다음과 같은 직선과 곡선들의 연쇄를 살펴봅시다.

나 는 행 복 하 다

우리말에서 이것은 **나는 행복하다**를 의미합니다. 그런데 이와 동일한 직선과 곡선들이 완전히 다른 생각을 전달하는 의미가 될 수도 있어요. 가령, 이 기호들이 내 **바지가 다 닳았다**라는 뜻을 의미하는 외계인문명이 존재할지도 모릅니다(개연성이 있다는 게 아니라, 이런 가정이 그럴싸하다는 게 아니라, 단지 가능할 수도 있다는 겁니다). 위의 글줄 자체가 어떤 특정한 의미를 가지는 것은 아니지요.

도형·그림·견본 등을 포함하여 여러가지 다른 형태의 표현들도 사정은 마찬가지죠. 이것들은 그 자체로 어떤 **내재적인 표현력**이나 의미를 가지는 건 아닙니다.

이러한 사실에 대해 다소 의아해할 수도 있어요. 철학자 비트겐슈타인이 제시한 잘 알려진 예를 하나 살펴보죠.

여러분은 다음과 같은 단순한 선들의 조합이 산을 오르는 사람을 표현해야만 한다고 생각할 겁니다. 그러나 비트겐슈타인이 지적한 것처럼, 똑같은 그림이 언덕을 거꾸로 미끄러져 내려오는 사람을 나타내기 위해 사용될 수도 있어요.

1권에도 나왔던 비트겐슈타인입니다.

사실, 이 선들의 조합이 눈 하나 달린 외계인의 얼굴을 나타내기 위해 사용된다고 상상할 수도 있지요.

호흑! 난 너무 아름다워.

또는 보물이 묻힌 장소가 표시된 지도라고 상상해볼 수도 있고요('○'으로 표시된 곳이 바로 보물이 묻힌 장소죠).

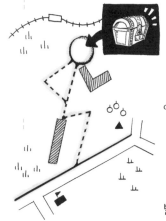

주어진 그림 자체에 이 중 어느 하나를 의미하는 어떤 내재적인 요소는 없어요.

단순한 **빨간 조각**은 어떤가요? 분명히 그것은 단 한 가지만을 의미할 것 같아요. 즉 빨간 것 말이죠!

그런데 그렇지 않아요. 빨간 조각은 여러가지 의미를 가질 수 있어요. 예를 들어, 만약 그 조각이 사각형이라면, 그것은 **빨간 사각형**을 의미할 수도 있어요. 또는 단순히 **사각형**만을 의미할 수도 있고요(그 표본이 우연히 빨간색이었을 뿐이죠). 만약 그 조각이 진홍색이라면, 바로 그 색조의 빨간색을 표현하기 위해 사용될 수도 있습니다. 아니면 빨간색, 자주색, 심지어 파란색까지 포함하는, 한층 폭넓은 영역의 색채를 표현하기 위해 사용될 수도 있을 겁니다. 빨간 조각은 피나 위험의 경고를 상징하기 위해 사용될 수도 있답니다. 또는 내가 초콜릿과자를 먹었던 날을 기록하기 위해 일기장에 빨간 얼룩을 표시하는 데 사용할 수도 있어요. 사실, 빨간 조각은 거의 모든 것을 의미하는 데 사용될 수 있지요.

이런 사실이 주는 교훈은, 내재적으로 의미있는 것은 아무것도 없다는 점이에요. 그 어떤 것이라도 적절한 조건 아래에서 거의 모든 것을 표현하기 위해 사용될 수 있어요.

'내적' 과정으로서의 의미

그런데 내재적으로 의미하거나 표현하는 것이 없다면, 낱말과 기호는 어떻게 무언가를 표현할 수 있을까요? 무엇이 낱말과 기호에게 의미를 부여할까요? 물론 그 대답은 바로 우리가 그 의미를 부여한다는 것이죠. 그런데 어떻게죠?

전통적으로 인기있는 주장은 다음과 같아요.

앵무새 한 마리가 "나는 행복하다"라는 표현을 흉내내기 시작했다고 해보죠. 물론, 앵무새의 이 말은 그 어떤 것도 의미하지 않아요. 앵무새는 그 말이 의미를 갖고 있다는 점조차 의식하지 못할 거예요. 반면에 내가 "나는 행복하다"라고 말할 때, 나는 그저 무엇인가를 말하는 것만이 아니라 무엇인가를 의미하고 있어요.

따라서 비록 앵무새와 내가 동일한 말을 한다고 해도, 둘 중 하나만이 그 말을 통해 무엇인가를 의미합니다. 왜 그럴까요? 나는 무엇인가를 의미하지만, 앵무새는 그렇지 못한 까닭은 무엇일까요? 결국, 앵무새나 나나 외적으로 관찰할 수 있는 동일한 과정을 수행하고 있어요. 둘 다 "나는 행복하다"라고 말한다는 점에서는 말이죠.

그렇다면, 둘 사이의 본질적인 차이점이 틀림없이 숨어 있겠지요. 나는 앵무새가 수행하지 못하는 과정을 수행해야만 해요. 즉 낱말을 말하는 외적 과정에 동반되는, 어떤 추가과정을 수행해야만 합니다. 내가 "나는 행복하다"라고 말할 때, 그저 말만 하는 외적인 물리적 과정들에 의미의 어떤 내적인 정신적 과정이 동반됩니다. 낱말에 생명을 불어넣고, 그 낱말이 단순한 소리에서 의미있는 발화(發話)로 탈바꿈하는 것은 바로 그 내적인 정신적 과정 때문이죠.

로크의 의미이론

17세기의 철학자 존 로크는 의미가 본질적으로 '내적'이라는 견해를 제시합니다.

로크는 마음이 그릇과 같다고 해요. 사람이 태어났을 때 그릇은 비어 있지요. 점차 자라면서, 우리의 감각들이 이 내적 공간에 무언가를 채우기 시작해요. 로크는 이것을 '관념'이라고 합니다. 우리는 빨간 색깔의 관념과 같은, 단순관념들을 가지고 있어요. 로크는 빨강의 관념을 하나의 정신적 심상(心象)으로 생각한 듯합니다. 우리는 이러한 단순관념들로 만들어진 복합관념을 또한 가지고 있어요. 눈뭉치에 대한 내 관념은 더 단순한 관념들, 예컨대 하양, 차가움, 딱딱함, 그리고 둥긂 등의 단순관념들로 이루어져 있어요.

로크에 따르면, 관념은 생각을 구성하는 건축자재와 같아요. 우리의 생각은 관념들의 연쇄로 구성되죠. 그리고 낱말은 이러한 관념을 나타냄으로써 그 의미를 얻어요.

낱말은 일차적이고 직접적인 의미에서는 아무것도 나타내지 않지만, 관념은 그 낱말을 사용하는 사람의 마음에서……▲

나와 앵무새의 차이점(로크에 따르면, 나는 말

로크는 의미가 본질적으로 내적이라고 말해요. 그는 마음은 빈 그릇이고, 그 그릇에 뭔가를 채우는데 그게 바로 관념이라고 봤지요.

▲ Locke, John, *An Essay Concerning Human Understanding*, Oxford: Clarendon Press 1975, 3권 2상 1설.

하는 것으로 무엇인가를 의미하고 그것을 이해하는 반면, 앵무새는 그렇지 않다고 해요)은, 나는 앵무새와는 달리 "나는 행복하다"라는 외적인 낱말들의 연쇄를 정신적 대상들의 연쇄와 관련시킨다는 점이에요. 낱말을 말하는 외적 과정에 관념의 내적 행진이 동반되죠. 앵무새의 마음에서는 그러한 정신적 과정이 나타나지 않아요.

이것을 의미의 관념이론(Ideational theory of meaning)이라고 불러요.

'빨간' 대상을 어떻게 골라낼까?

관념이론은 우리가 어떻게 낱말을 이해하고 그것을 알맞게 적용하는지를 설명해주죠. 내가 여러분에게 주변에서 빨간 것을 골라내보라고 요구한다고 가정해보죠. 틀림없이 여러분은 힘들이지 않고 해낼 거예요. 그런데 내가 여러분에게 준 것은 다소 어질어질한 선들인 '빨간'이라는 말 뿐이었어요. 여러분은 '빨간'으로 해야 할 일들을 어떻게 알았을까요?

관념이론에 따르면, 다음과 같은 일이 일어나게 됩니다. 여러분은 일종의 내적인 '조사'과정을 수행합니다. '빨간'이라는 낱말을 받게 되면, 관념의 창고 구실을 하는 여러분의 기억에서 조사를 진행해, 이전에 그 낱말과 연관된다고 학습한 관념들을 찾아냅니다. 일종의 빨간색에 대한 기억심상인 이 관념은 다른 것들과 비교할 수 있는 모형이나 견본을 제공합니다. 그러고 나서 이 관념과 주위의 대상들이 합치할 때까지 비교해나갑니다. 합치하게 되면, 그 대상을 골라냅니다.

의미의 신비

그러나 여러분은 내적 '조사'과정을 수행하고 있음을 의식하지 못할 수도 있어요. 아마 여러분처럼 성숙한 언어사용자들에게는 그 과정이 대단히 빠르고 습관적으로 진행되므로 그러한 과정에 더이상 주의를 기울일 필요가 없기 때문이죠.

인기있는 그림

수세기 동안, 많은 사상가들은 위에서 설명한 의미와 이해의 '내적 과정모형'(inner process model)을 지지해왔어요. 사실, 여러분은 당연히 내적 과정모형이 지극히 명백하게 참이라고 생각할 겁니다. 만약 마음에서 그러한 과정이 일어난다고 생각하지 않는다면, 어떻게 우리가 의미와 이해를 생각할 수 있을지 의아스럽겠죠. 거의 모든 사람들이 의미와 이해에 대해 생각하기 시작하면, 내적 과정모형으로 생각이 기울게 될 겁니다.

그런데 놀랄 만한 사실이 하나 있어요. 많은 철학자들이 이 내적 과정모형을 거부한다는 거예요! 이를 거부하는 중요한 이유 중 하나는 비트겐슈타인의 후기작품의 영향이에요. 비트겐슈타인은 강력한 논증을 통해 내적 과정모형이 설명하기로 되어 있는 것을 제대로 설명하지 못한다는 점을 보여주었지요.

내적 과정모형에 대한 비트겐슈타인의 유명한 논증 두 가지를 살펴봅시다.

⊙ 논증 1: 어떻게 올바른 내적 대상을 골라낼까?

낱말을 이해하는 것은 내적 조사과정을 수행하는 거라는 주장으로 돌아가봅시다. 다음과 같은 씨나리오에 대해 생각해보죠.

똘이는 페인트가게를 운영한다. 똘이는 일본어로 씌어진 주문서를 많이 받는다. 불행하게도 똘이는 일본어를 읽을 수 없다. 그래서 일본어를 아는 숙이가 똘이의 사무실에 작은 서류함을 설치해준다. 그 서류함에는 카드가 들어 있다. 각각의 카드에는 페인트가 살짝 칠해져 있다. 그리고 카드에는 글자도 씌어져 있다. 그 글자는 카드에 칠해진 색깔에 대한 일본어 낱말이다. 똘이가 주문서를 받으면, 먼저 주문서에 적힌 일본어 색깔낱말을 카드에 적힌 글자와 일일이 대조해본다. 똘이가 올바른 카드를 찾아내면, 그 카드를 꺼내 카드 위에 칠해진 색깔과 가게에 있는 페인트통의 색깔과 또 일일이 대조해본다. 그러고 나서 똘이는 골라낸 페인트통을 보낸다.

조금 전에도 여러분이 어떻게 '빨간'이라는 용어를 올바르게 적용하는지를 설명하기 위해 이와 유사한 조사과정을 제시했어요. 단, 그 조사과정은 여러분의 **마음**에서 일어난다고 가정했지요. 여러분은 **정신적** 서류함을 가지고 있어요. 관념들의 창고라고 불러도 좋아요. 여러분은 이 정신적 서류함에 한국어 색깔이름과 관련된, 색깔에 대한 기억심상들을 정리하고 보관해두죠. 여러분이 '빨간'이라는 낱말을 들으면, 정신적 서류함으로 달려가서 올바른 표본을 골라냅니다. 그런 다음에 주변대상과 이 기억심상이 합치할 때까지 대조해나가죠.

그런데 '빨간'이라는 낱말이 적용되는 사물을 골라낼 수 있을지에 대해 내적 조사과정이 제대로 설명할 수 있을까요? 비트겐슈타인은 그렇지 않다고 해요. 그는, 내적 조사과정이 설명하기로 된 것을 미리 전제하고 있다고 합니다. 왜 그런지 알아보기 위해 다음과 같은 질문을 던져봅시다. 여러분은 어떻게 올바른 기억심상을 골라냈나요?

여러분은 "뭐가 문제인지 잘 모르겠어요"라고 말할 수도 있어요. 또 이렇게 덧붙일지도 몰라요. "왜 내가 정신적 서류함으로 달려가 정신적 심상들을 조사한 후, 이전에 '빨간'이라는 낱말과 관련시켜 놓았던 올바른 정신적 심상을 골라낼 수 없다는 거죠?"

정신적 심상이 객관적이지 않다는 점에 어려움이 있어요. 정신적 심상은 이름표를 붙여서 나중에 참조할 목적으로 서랍 속에 넣어둘 수 있는 종류의 것이 아니에요. 여러분이 정신적 심상을 더이상 의식하지 않는 순간, 그것은 사라져버려요. 그렇다면 여러분이 다음번에 '빨간'의 정신적 심상을 떠올리려 할 때, 어떤 종류의 심상을 떠올리기로 되어 있는지를 어떻게 알까요? 어떤 정신적 심상을 떠올리기로 되어 있는지를 알기 위해 '빨간'이 의미하는 것을 미리 알고 있어야 할 필요가 있죠. 그런데 정신적 심상이 설명하기로 되어 있는 것은 바로 '빨간'이 의미하는 것이 무엇인가에 대한 지식이에요.

따라서 여러분이 '빨간'을 어떻게 바르게 적용할 수 있는지에 대한 '내적 과정' 설명은 순환적이에요. 이 설명방식은, 여러분이 올바른 외적 대상을 어떤 내적 대상과 비교함으로써 골라낼 수 있다고 주장하죠. 그런데 여기서 올바른 **내적** 대상을 골라내는 여러분의 능력이 당연한 것으로 가정되어 있어요. 정확하게 말하면, 설명하기로 되어 있는 능력이 당연한 것으로 가정되어 있다는 말이죠.

색이 칠해진 카드조각과 같은 **객관적** 표본이 문제가 될 때, 상황은 완전히 달라져요. 똘이는 자신의 서류함에서 올바른 색깔표본 카드를 찾기 위해 '빨간'이 의미하는 것을 알 필요가 없어요. '빨간'이라는 낱말이 해당되는 올바른 카드에 물리적·객관적으로 적혀 있기 때문이죠.

◉ 논증 2: 내적 대상은 어떻게 그 의미를 획득할까?

'빨간'이 의미하는 것을 미리 알지는 못하지만 어떻게 해서든 올바른 기억심상을 불러낼 수 있다고 해도 문제는 여전히 남아요. 낱말과 기호가 내적 대상(관념)과 관련시킴으로써 근본적으로 의미를 획득한다는 주장은, 다음과 같은 의문만 없다면 꽤나 일리가 있는 것처럼 보이죠. '내적 대상은 어떻게 그 의미를 얻을까?' 하는 의문이죠.

여러분이 '빨간'이라는 낱말을 빨간 사각형의 정신적 심상과 관련시킨다고 가정해보죠. 여러분은 그렇게 함으로써 '빨간'에 어떤 의미를 주고 있는 것일까요?

전혀 그렇지 않아요! 우리는 공적인 표본들, 가령 카드에 칠해진 빨간 사각형이 수없이 다양한 방식으로 해석될 수 있다는 점을 이미 살펴보았어요. 그런데 이와 똑같은 문제가 정신적 표본에 대해서도 발생합니다. 정신적 표본은 공적인 표본과 마찬가지로 **내재적으로** 의미있는 것이 아니에요.

여러분의 정신적 심상이 진홍색 사각형이라고 가정해봅시다. 그렇다면 여러분은 '빨간'이라는 낱말을 진홍색 대상에만 적용해야 할까요? 아니면 주황색 대상에도 적용할 수 있을까요? 그도 아니면 여러분의 표본이 우연히 빨간색일 뿐이며, 진홍색 사각형은 단지 사각형을 표현하는 것뿐이지는 않나요? 그렇다면 여러분은 사각형인 대상만 골라내야 하나요? 등등. 여러분의 정신적 심상들은 이 질문 중 어느 질문에도 대답하지 못합니다.

여기서 우리가 순환에 빠져 있음이 분명해요. 이번에는, 어떤 기호(정신적 기호)가 그 의미를 이미 가지고 있다는 점을 전제함으로써, 낱말과 기호가 어떻게 그 의미를 획득하는지를 설명했어요. 따라서 의미가 근본적으로 어디에서 유래하는지에 대한 의문은 여전히 남아 있어요.

계속되는 순환

비트겐슈타인은 내적 과정모형이 제공하는 설명이 순환적이라는 점을 지적합니다. 내적 과정모형은 공적 낱말과 기호가 어떻게 의미를 가지게 되는지를 사적·내적 대상들에 호소함으로써 설명하고자 해요. 그런데 그 설명은 내적 대상의 의미가 미리 주어져 있다고 전제하고 있어요. 한편, 내적 과정모형은 어떤 외적 대상이 '빨간' 것인지를 식별하는 방법을 설명하려 해요. 그 설명은, 이미 우리가 어떤 내적 대상이 '빨간' 것인지를 식별하는 능력을 가지고 있다는 걸 전제할 때에만 가능하죠.

순환적 설명의 예를 두 가지 더 살펴봅시다. 지구가 어떻게 떠받쳐지고 있을까요? 어떤 사람들은 지구가 거대한 동물, 가령 거대한 코끼리의 등에 얹혀 있다고 가정함으로써 이 문제를 설명하려고 하죠. 물론 이러한 설명은 우리가 씨름하고 있는 문제를 실제로 해결해준 건 아니에요. 왜냐하면 이번에는 코끼리를 떠받치고 있는 걸 설명해야 하기 때문이죠. 그래서 또다른 동물을 끌어들입니다. 예를 들어 거북이가 코끼리를 떠받치기 위해 등장하는 식이죠.

그렇다면 거북이는 어디에 놓여 있을까요? 거북이를 떠받치기 위해 또다른 동물을 끌어들여야 하나요? 계속해서 또다른 동물을 차례차례 끝없이 끌어들여야 하나요?

문제는 이거예요. 우리의 설명이 설명하기로 되어 있는 것을 당연한 것으로 전제한다는 점 말이에요. 왜 모든 것들이 떠받쳐져야 하나요?

순환의 문제를 안고 있는 또다른 예를 살펴보죠. 사람의 행동을 설명하기 위해 다음과 같은 주장이 제기되었어요. 어떤 한 사람의 행동은, 그 사람의 내부 여기저기에서 움직이는 많은 작은 사람들의 행동의 결과로 설명할 수 있다고요. 이것은 마치 많은 사람들이 큰 배를 움직이기 위해 배 안에서 분주하게 왔다갔다하는 모습에 비유해볼 수 있지요.

이러한 설명은 순환적이에요. 이번에는 작은 사람들의 행동을 설명할 필요가 있기 때문이죠. 이 작은 사람들이 그들의 머릿속 여기저기에서 움직이는 더 작은 사람들을 가진다고 가정해야만 할까요? 그렇다면, 더 작은 사람들은 또다시 그들의 머릿속 여기저기에서 움직이는 더더욱 작은 사람들을 가지게 되는 건가요?

물론, 이것이 순환적인 설명이라고 해서 코끼리가 결코 없을 것이라거나, 우리 머릿속에서 여기저기 움직이는 작은 사람들이 결코 없을 것이라는 점이 증명되는 건 아니에요. 그런데 코끼리와 작은 사람들을 끌어들이는 것은 결국 '왜 지구는 가라앉지 않을까?'란

비트겐슈타인은 로크의 내적 과정 모형이 순환적임을 지적했어요.

물음에 대해 성공적인 설명을 해내지 못했습니다. 다만 설명하려 했던 것을 당연한 것으로 간주해버리기만 했을 뿐이죠. 그렇다면 코끼리와 작은 사람들을 끌어들이는 것은 아무런 정당화 구실을 하지 못하는 셈입니다.

내적 과정모형을 통해 도입된 내적·정신적 조사기제도 마찬가지예요. 이 내적 조사기제들은 설명하기로 되어 있는 것을 당연하게 전제하므로 그것을 도입했던 정당화의 의의가 전혀 없음을 비트겐슈타인은 보여주고 있어요.

의미와 사용

비트겐슈타인은 의미와 이해를 내적 활동이나 과정으로 생각하는 유혹에 빠지지 말도록 경고합니다.

우리는 언어의 작용이 두 부분으로 구성된 것으로 생각하도록 유혹받는다. 기호를 다루는 유기적 부분, 그리고 그 기호를 이해하고 그것에 의미를 부여하고 그것을 해석하고 그것을 생각하는 비유기적 부분으로 말이다. 후자의 활동은 괴상한 종류의 매개체인 마음에서 발생하는 것으로 보인다. 그리고 마음의 기제는 (그것의 본성에 대해 우리는 전혀 이해하지 못하는 것 같다) 그 어떤 물질적 기제도 가져올 수 없는 결과를 산출할 수 있다.▲

▲ Wittgenstein, Ludwig, *The Blue and Brown Books*, Oxford: Blackwell 1972, 3면.

그렇다면 비트겐슈타인의 견해에 따라, 나와 앵무새의 본질적인 차이점이 내적인 어떤 것에 있지 않다면, 과연 어디에 있을까요? 폭넓게 말한다면, 그 차이점은 우리가 무엇인가를 할 수 있다는 점에 있어요. 나는 "나는 행복하다"라는 말이 의미하는 것에 대한 나의 이해 정도를 분명히 드러낼 수 있는 포괄적 능력을 가지고 있어요. 예를 들어, 누가 나에게 '행복하다'는 표현이 무엇을 의미하는지를 묻는다면 나는 그 의미를 설명할 수 있어요. 나는 적절하게 표현할 수도 있어요. 또한, 다른 문장을 구성하기 위해 이 낱말을 사용할 수도 있지요. 그런데 앵무새는 이 중 아무것도 할 수 없어요.

비트겐슈타인의 후기작품은 의미에 대한 사고에서 혁명을 초래했어요. 그 혁명은 '내부에서' 일어나는 것에서 공적으로 관찰할 수 있는 능력으로 초점이 이동한 것이지요. 의미는 '숨겨져' 있지 않아요. 의미는 낱말과 기호의 표면, 즉 낱말과 기호에 대한 우리의 사용에 있습니다. 비트겐슈타인에 따르면, 낱말의 의미를 파악하는 것은 낱말을 어떤 신비한 내적 대상들과 관련시키는 게 아니라, 낱말이 사용되는 방식을 아는 것이지요.▲

생각 넓히기

● 제1권의 6장에서는 썰의 중국어방 사고실험을 다루었습니다. 이는 이해를 위해서는 외적인 행동과 외적인 능력 이상의 것이 요구된다는 점을 보여주는 것 같아요. 썰은 심지어 마음이 없는 자동기계도 그런 외적 행동과 능력을 보여줄 수 있다고 믿습니다. 그런데 비트겐슈타인에 따르면, 이해는 공적으로 관찰할 수 있는 것에 전적으로 달려 있어요. 비트겐슈타인과 썰 중 누가 옳을까요?

▲ 일부 독자들은 약간 속은 듯한 기분이 들지도 모르겠어요. 그 느낌이 맞을 수도 있고요. 비트겐슈타인은 내가 '저것이 빨갛다'(나는 이 글을 쓰면서 빨간 대상을 보고 있어요)라는 점을 어떻게 식별할 수 있는지에 대한 개개의 설명이 실패하는 이유를 지적하고 있어요. 그렇다면 나는 어떻게 '저것이 빨갛다'는 것을 식별해낼 수 있을까요? 비트겐슈타인은 대안적 이론을 제공하지 않습니다. 사실, 비트겐슈타인의 견해는 그 대안적 이론이 필요없다는 것이에요

제 5 장

조디를 살리기 위해 메리를 죽여야 하나요?

모세에게 전해진 십계명 중 하나는 '살인하지 말라'였습니다. 그런데 살인은 언제나 옳지 않은 것일까요? 대부분의 사람들은 그 규칙에 예외가 있다고 믿습니다. 가령 어느 미치광이가 학교운동장에서 무차별적인 살인을 저지르려고 할 때, 다른 방법이 없다면 우리는 그를 사살하는 것이 도덕적으로 허용될 수 있다고 믿습니다. 이 글에서는 가능한 또다른 예외에 대해 논의하려 합니다. 다른 사람을 살리기 위해 무고한 사람을 죽이는 경우죠. 과연 이 일은 도덕적으로 허용될 수 있을까요?

> 그냥 있으면 둘 다 죽게 됩니다. 그게 옳은가요?

찬성

조디와 메리의 사례

얼마 전에 두 소녀가 복부 아래쪽이 붙은 채로 태어났습니다. 지중해 중앙에 있는 영연방 몰타의 고초(Gozo)섬 출신인 부모는 바다 건너 영국으로 왔습니다. 그래서 메리와 조디는 전문적인 의학치료를 받을 수 있었지요. 영국 의사들은 메리가 발육부진의 두뇌만을 가지고 있음을 발견했어요. 그리고 메리는 조디의 심장과 폐에 의존해 혈액을 공급받고 있었지요. 법원에 제출된 증거에 따르면, 조디는

"밝고, 조심성이 많고, 고무젖꼭지를 활기차게 잘 빼는 아이"였어요. 의사들의 전망은 좋지 않았습니다. 몸이 붙은 이 소녀들을 내버려두면, 두 명 모두 몇달 내에 죽게 될 것이었죠. 두 소녀를 분리하면 조디는 생존할 가능성이 매우 높았으나, 그 경우에도 신체적 장애를 가지게 될 것이었습니다. 그리고 수술은 곧 메리의 죽음을 의미했어요. 의사들은 수술을 원했어요. 그러나 독실한 가톨릭신자인 부모는 수술에 반대했어요. 그들은 살인은 옳지 않으며 그 수술은 분명히 메리의 죽음을 불러올 것이므로, '신의 뜻'은 틀림없이 의사들이 두 소녀를 죽게 내버려두는 것이라고 주장하면서 수술에 반대했어요. 부모는 법정에 소송을 제기했지만, 의사들이 승소해서 수술이 집행되었지요. 결국 메리는 죽고 조디는 살았어요.

공리주의적 접근

메리를 죽임으로써 조디를 살려낸 수술은 과연 시행되어야만 했을까요? 이 경우는 우리가 생명을 구하기 위해 살인을 해야만 하는 종류의 상황일까요? 조디와 메리의 치료를 담당한 맨체스터의 의사들은 그런 상황이었다고 판단했습니다. 흥미롭게도, 그들은 매우 잘 알려진 철학적 입장을 채택했다고 비난받았어요. 바로 공리주의자들의 입장이었죠.

공리주의(utilitarianism)는 다양한 방식으로 수정·발전되어왔어요. 공리주의의 초기 주창자는 제러미 벤섬(Jeremy Bentham, 1748~1832)과 존

반대

어떤 경우에도 살인하지 말아야 해요.

스튜어트 밀(John Stuart Mill, 1806~73)이었으며, 곧 수많은 추종자들이 계속해서 생겨났습니다. 가장 간단한 형태의 공리주의는, 올바른 도덕적 결정은 언제나 **행복을 최대화**하는 것이라는 견해예요.

예를 들어 내가 저 꼬마의 사탕을 빼앗아야 할까요? 꼬마의 사탕을 빼앗는다면, 나는 그 사탕을 맛보는 쾌락을 느끼겠지만, 반대로 꼬마의 쾌락은 사라지고 꼬마에게는 상당한 불행이 생길 겁니다. 따라서 공리주의에 따르면 나는 사탕을 빼앗아서는 안됩니다.

공리주의적 계산에 따르면, 조디와 메리의 사례에서 나타나는 문제는 상당히 간단하게 해결될 수 있을 것 같아요. 우리는 두 가지 방향으로 행동할 수 있지요. 수술을 해서 메리를 죽이고 조디를 살리거나, 아니면 수술을 거부해서 결과적으로 두 소녀 모두를 죽게 할 수 있어요. 공리주의적 관점에 따르면, 우리는 분명히 수술을 해야만 해요. 왜냐하면 수술을 하는 것은 두 명 모두를 불행하게 만드는 것을 막고, 적어도 한 명은 행복하게 만들기 때문이죠.

공리주의는 조디를 살리기 위해 메리를 죽일 것을 요구해요. 이러한 공리주의적 정당화는 어느 정도나 받아들일 만한가요?

이식의 사례

잘 알려진 것처럼, 공리주의는 매우 강력한 반례(反例)에 부딪힙니다. 한 가지 예를 살펴보죠.

여러분은 심각한 질병을 갖고 있는 두 환자의 담당의사예요. 한 명은 말기암환자이며 얼마 지나지 않아 죽게 될 거예요. 다른 한 명은 심장질환을 앓고 있는데, 대체심장을 빨리 구하지 못하면 역시 목숨을 잃게 될 거예요. 여러분은 암환자의 심장을 심장질환환자에게 이식할 수 있음을 알았어요. 따라서 한 명의 환자를 죽이고 그의 심장을 다른 환자에게 제공함으로써 두 생명 중 한 생명을 구할 수 있지요. 그렇지 않으면 아무런 조치도 취하지 않음으로써, 결과적으로 두 생명을 모두 죽게 만들 수도 있어요. 어떻게 해야 할까요?

공리주의적 관점에 따르면, 도덕적으로 올바른 행동방향은 분명해 보입니다. 수술을 한다면, 행복한 한 사람은 가족에게 돌아가서 여생을 편안하고 만족스럽게 보낼 수 있을 거예요. 수술을 하지 않으면, 두 생명을 모두 잃게 될 거고 결과적으로 한 환자의 친지가 아닌 두 환자의 친지 모두가 슬픔에 빠지게 되겠죠. 그러므로 올바른 결정은 심장질환환자를 살리기 위해 암환자를 죽이는 것입니다.

물론, 대부분의 사람들은 이 상황에서 한 사람을 살리기 위해 다른 사람을 죽이는 것이 올바른 결정이라는 주장에 기겁을 할 거예요. 암환자의 입장에서 누군가가 자신을 죽이고 심장을 꺼내간다면, 그는 심각한 부정의의 희생자가 될 겁니다. 적어도 그런 느낌을 지울 수는 없지요. 한 생명을 빼앗는 것은, 다른 생명을 살리는 결과를 낳는다 해도 분명 도덕적으로 매우 옳지 않은 일일 거예요.

그렇다면 결론은 분명해요. '도덕적으로 옳은 것은 최대의 행복을 산출하는 것과 같다'는 공리주의적 견해는 옳지 않아요. 우리가 공리주의를 거부한다면, 조디를 살리기 위해 메리를 죽이는 것을 정당화하는 데 공리주의를 사용할 수는 없어요.

규칙공리주의

잠깐 옆길로 새자면, 이식의 사례를 적용할 수 있는 다른 형태의 공리
주의도 있어요. **규칙공리주의**(rule utilitarianism)가 그것이지요. 규칙공리
주의자들은 개별행동의 결과를 개별적으로 계산할 것을 요구하지는 않
아요. 그들은 최대한의 행복을 가져다주는 그런 **규칙**들을 채택해야 한다
고 믿어요.

그들은 '살인하지 말라'와 같은 규칙을 언제나 지켜야 한다고 주장하
죠. 이 규칙을 지킨다면, 이식사례 및 조디와 메리의 사례에서처럼 때로
는 더 작은 행복을 산출할 수도 있지만, **일반적으로** 더 큰 행복을 산출하
게 될 것이기 때문이죠.

그러나 그들에게도 문제는 있어요. 다음과 같은 물음을 생각해보면
문제가 명백해집니다. '나는 왜 작은 행복을 낳을 수 있는 상황에서조차
그 규칙을 따라야만 하는가?' 연쇄살인범이 내게 내 아이가 어디에 숨어
있는지 말해줄 것을 요구한다고 가정해봅시다. 이 경우에서조차 사실대
로 말해야 한다고 주장한다면, 비록 참말을 하는 것이 **일반적으로** 행복을
증진한다고 할지라도 그런 주장은 어리석기 짝이 없어 보여요. 사실, 그
상황에서 내가 사실대로 말하는 것은 분명히 옳지 않은 행위죠. 그런데
도 규칙공리주의자들은 그런 행위를 해야 한다고 합니다.

이런 결론을 이끌어낼지도……

앞의 내용을 요약해봅시다. 이식의 사례는, 조디를 살리기 위해

메리를 죽이는 것을 정당화하는 공리주의에 대한 강력한 반론을 제공합니다. 그런데 몇몇 사람들은 적어도 두 가지 결론을 더 이끌어 내려 해요.

첫째, 이식사례가 보여주는 것은 '살인하지 말라'는 신의 계율은 반드시 지켜져야 한다는 점이에요. 비록 살인을 통해 다른 생명을 구할 수 있다 하더라도 이 계율은 지켜져야 합니다. 이것은 조디와 메리의 고향마을 신부가 택한 입장인 것 같아요. 신부는 이 입장을 뒷받침하기 위해 이식의 사례에 호소했어요.

그건 장기 기증과 같은 원리예요. 장기 이식은 기증자가 죽었을 때에야 비로소 타당하고 도덕적입니다. 그러나 메리는 죽지 않았어요. 메리는 살아 있으며, 그 아이는 인간입니다. 아무리 좋은 의도라고 해도 그 아이를 죽이는 것은 옳지 않습니다.

▲ *Guardian*, 2000년 9월 22일자 2면.

신부의 견해에 따르면, 살인은 결코 옳지 않아요. 그 결과가 무고한 생명을 살리는 것이라 할지라도 살인은 여전히 옳지 않아요. 낙태 반대 자선단체인 라이프(Life)의 대변인인 키스 메일(Keith Male)도 이와 유사한 견해를 보입니다. 조디와 메리의 수술을 허용해야 한다는 결정에 대해 메일은 이렇게 말해요.

이번 결정에 대해 깊은 애도를 표합니다. 이번 결정은 법의 근본적 원리를 위배하고 있습니다. 그 원리는 살인이나 무고한 사람들에 대한 고의적·치명적 폭행은, 그 결과가 아무리 좋다고 할지라도 결코 허용되지 않는다는 것입니다.

▲ *Daily Express*, 2000년 9월 23일자 4면.

조디를 살리기 위해 메리를 죽여야 하나요?

둘째, 이식의 사례는, 인간이 도덕적 **권리**, 그중에서도 가장 근본적인 살 권리를 가지고 있다는 점을 상기해주고 있고 또 상기해야만 한다는 것입니다. 이식의 사례에서 공리주의적 계산을 적용하면, 암환자의 살 권리가 침해당합니다. 그건 분명 옳지 않아요. 이와 비슷한 이유로, 조디를 구하기 위해 메리를 죽이는 것 또한 옳지 않지요. 왜냐하면 메리의 살 권리를 침해하기 때문이에요. 영국의 왕립의학협회(Royal Society of Medicine)에서 발행하는 『의료윤리학회보』(*Bulletin of Medical Ethics*)의 편집인인 리처드 니컬슨(Richard Nicholson) 박사는 다음과 같이 주장합니다.

삼쌍둥이의 각 부분이 어떤 권리를 가지는지에 대한 주제가 법으로 도입된 적이 없었다. 충분히 두 명으로 인지될 수 있는 인간들이 있을 때, 그 두 사람 모두가 권리를 가지는 것은 아니라고 주장한다면 이것에는 일관성이 없다. 만약 두 사람 모두가 권리를 가진다면, 가장 근본적인 두 가지 권리(살 권리와 정의롭게 대우받을 권리)는 반드시 존중되어야만 한다. 따라서 조디와 메리 모두 살 권리와 정의롭게 대우받을 권리(동등하게 대우받을 권리)를 가지게 된다. 분리수술의 시행은 메리가 두 가지 권리를 가지고 있다는 점을 부인하는 것이다.▲

▲ Nicholson, Richard, *Independent on Sunday*, 2000년 9월 10일자 30면.

이 지점에서 여러분은 압도적인 논거들이 조디를 구하기 위해 메리를 죽이는 것은 비도덕적이라는 주장을 지지한다고 봐도 좋을 것 같습니다. 그러나 나는 그것이 올바른 결론이라고 믿지 않습니다. 마을신부나 니컬슨박사처럼 나도 공리주의를 거부합니다. 정확하게 말하자면, 심장질환환자를 구하기 위해 암환자를 죽여야 한다고 주장하는 공리주의를 거부합니다. 또한, 인간은 도덕적 권리, 일반적으로 말해서 결코 침해받을 수 없는 권리들을 가지고 있다는 견해에 공감합니다. 그렇지만 나는 조디와 메리의 사례에서 두 아이 모두를 죽게 내버려두는 것이 올바른 선택은 아니라고 생각합니다.

우주비행사의 사례

다음과 같은 경우를 생각해봅시다.

여러분은 구출임무를 수행하기 위해 우주에 파견되었어요. 우주비행사 두 명이 한 우주선의 각기 다른 부분에 갇혀 있으며, 산소가 점점 떨어져가고 있어요. 여러분이 그 우주선에 도착했을 때는 시간이 별로 없었어요. 우주선의 두 부분에 있는 산소 공급장치는 서로 연결되어 있는데, 한 사람에게 공급되는 산소를 차단함으로써(즉 그 사람을 죽임으로써) 다른 한 사람을 구할 수 있는 가능성만 남아 있었어요. 여러분은 두 우주비행사가 모두 죽도록 내버려둘 건가요? 아니면 두 우주비행사 중 한 명을 구할 건가요?

분명히 말해서, 올바른 선택은 한 우주비행사라도 살리는 것이에요. 그것이 비록 다른 우주비행사를 죽임으로써만 가능하다고 할지라

여러분은 괴로운 선택의 순간을 맞이했습니다.

조디를 살리기 위해 메리를 죽여야 하나요?

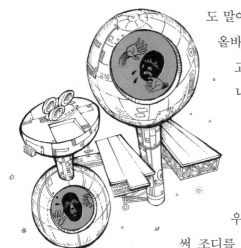

도 말이죠. 이 사례에서 대부분의 사람들은 분명히 올바른 행위의 방향은 한 생명을 구하기 위해 무고한 다른 생명을 **죽이는 것**이라고 여길 것입니다.

잠수함의 사례

두 우주비행사가 모두 죽도록 내버려두는 게 옳은 일일까요?

우리는 앞에서 니컬슨박사가 메리를 죽임으로써 조디를 구해서는 안된다고 주장한 것을 보았어요. 니컬슨박사에 따르면, 그것은 메리가 살 권리를 가지고 있음을 부인하기 때문이죠. 나는 모든 인간이 살 권리를 포함한 도덕적 권리들을 가지고 있다는 점과, 그 권리들이 침해당해서는 안되는 상황이 분명히 존재한다는 점을 기꺼이 인정합니다. 하지만 그것이 모든 경우에 대해 천편일률적으로 적용되는 건 아니에요.

다음과 같은 상황을 생각해보죠.

여러분은 미국의 대통령이에요. 그런데 북태평양의 한 핵잠수함이 기계설비의 오작동으로 뜻하지 않게 핵폭탄을 곧 발사하게 되리라는 보고를 받습니다. 핵폭탄은 수백만명의 무고한 사람들의 죽음을 초래할 겁니다. 이 재앙을 피할 수 있는 유일한 방법은 미사일을 발사해 그 잠수함과 승무원들을 모두 없애버리는 것이죠. 여러분은 어떻게 할 건가요?

이 상황에서 올바른 선택은 분명히 잠수함을 파괴하는 것입니다. 이 조치가 잠수함에 탑승한 사람들의 살 권리를 부인하는 것이지만 어쩔 수 없습니다.

어떤 상황에서는 살 권리가 정당하게 무시될 수 있다는 점은 우주비행사의 사례에서도 분명해 보입니다. 그렇다면, 니컬슨박사는 과연 우주비행사들의 살 권리를 존중해야 하기 때문에, 뒤로 물러나서 두 우주비행사가 모두 질식해 죽는 것을 지켜봐야만 한다고 주장할까요?

'살인하지 말라'의 예외

마을 신부는 살인하는 것은 그 결과가 아무리 좋다고 해도 언제나 옳지 않은 것이라고 주장합니다. 신부는 자신의 입장을 뒷받침하기 위해 이식의 사례를 예로 들지요.

그런데 신부는 우주비행사와 잠수함의 사례에 대해서는 어떻게 말할까요? 잠수함을 파괴하는 대신 수백만명의 무고한 사람들을 죽게 해야 한다고 주장할까요? 두 우주비행사가 질식해 죽도록 내버려두어야 한다고 주장할까요? 이러한 조치들은 '살인하지 말라'는 신의 계율을 예외없이 지켜야 한다고 주장하는 사람들이 할 수 있는 유일한 행동입니다.

그러나 이처럼 극단적 견해를 채택하는 건 잘못된 게 아닐까요? 뒤로 물러나서 두 우주비행사가 **모두** 죽게 내버려두는 것이 정말로 '신의 뜻'일까요?

만약 우주비행사의 사례가 한 생명을 구하기 위해 다른 생명을 죽이는 것이 도덕적으로 허용될 수 있음을 보여주는 사례라면, 조디와 메리의 사례가 이와 다르게 해석되어야만 한다는 이유는 더이상 자명하지 않아요. 사실 나의 도덕적인 시각으로 보자면, 서로 연결된 쌍둥이의 사례는 우주비행사의 사례와 본질적으로 유사한 것 같거든요.

신의 계율을 예외없이 지켜야 한다고 믿는 사람들은 아마도 너무 고지식하게 처신하여, 심지어는 수백만명의 생명을 구할 수 있는 상황에서조차 누군가를 죽이는 것이 나쁘다고 주장할 수도 있어요. 이러한 믿음을 갖는 사람들은 아마 죽음이 끝이 아니라는 주장을 함으로써 자신의 입장을 옹호하고자 할 수도 있지요. 쌍둥이의 사례에 대한 몇몇 논평자들은 이런 견해를 제기한 적이 있어요. 즉 신의 계율에 따라 두 소녀를 모두 죽게 내버려두는 것은 겉으로만 냉혹해 보일 뿐이며, 두 소녀가 신과 함께 영생을 누릴 수 있다는 점이 간과되고 있다는 거예요.

두 소녀를 죽게 내버려두어야만 한다는 판단을 이런 식으로 방어하는 것은 일부에게는 호소력이 있을 수도 있겠지요. 그러나 그것이 **합리적으로** 방어되기 위해서는, 그러한 사후세계가 실제로 우리를 기다리고 있다는 주장을 뒷받침할 만한 좋은 근거가 있어야 해요. 단지 그러한 사후세계가 우리를 기다리고 있다는 주장만으로는 그 판단을 합리적으로 방어할 수 없어요. 최대한 양보한다고 해도 그러한 근거들이 과연 존재하기는 하는 것인지도 불분명하지만서도요.

왜 맨체스터의 의사들은 공리주의자가 될 필요가 없을까?

우리는 다른 생명을 구하기 위해 무고한 사람을 죽이는 것이 때로는 옳지 않다는 점을 살펴보았습니다. 반면에 우주비행사나 잠수함의 사례에서 생명을 구하기 위해 무고한 사람을 **죽이지 않는** 것이 때로는 옳지 않다는 걸 보여주는 것 같다는 점도 살펴보았지요. 생명을 구하기 위해 무고한 사람을 죽이는 게 옳을 수도 있다는 점을 인정한다고 해서, **언제나** 그렇다는 원리를 채택할 **필요는 없어요**. 또한, 공리주의를 채택해야 할 필요도 없지요. 그런데 니컬슨박사의 견해는 이와 달라요. 그는 수술하는 것이 옳다고 생각한 맨체스터의 의사들은 반드시 공리주의자가 되어야 한다고 가정합니다.

> 지금까지 전문가들을 지배해온 것은 (…) 조잡한 공리주의적 접근법이다. 생명이 있는 것이 생명이 없는 것보다 낫다는 논증이 전개되며, 따라서 분리시술이 올바른 답이어야 한다.

▲ 같은 곳.

그러나 앞으로 분명해지겠지만, 메리를 죽임으로써 조디를 살리는 것이 옳다고 믿는 의사들이 반드시 공리주의자가 될 필요는 없어요. 사실, 그 의사들은 공리주의를 거부할 수도 있지요. 신부도 지적했지만, 그 의사들은, 심장질환자를 구하기 위해 암환자를 죽이는 것이 옳지 않음을 직관적으로 분명히 인지할 것이기 때문입니다.

양쪽의 도덕적 직관 모두를 존중하기

신부는 모종의 도덕적 직관에 호소하기 위해 살아 있는 사람의 이식사례를 보여줍니다. 우리는 심장질환자를 구하기 위해 암환자를 죽이는 게 옳지 않은 일이라고 직관적으로 분명히 느낍니다.

그러고 나서 이런 종류의 사례에 대한 우리의 직관은 다음과 같은 결론을 정당화하기 위해 사용됩니다. 그 의도가 아무리 좋다고 하더라도 무고한 생명을 빼앗는 일은 언제나 옳지 않다는 거죠. 이에 따라, 조디의 생명을 구하기 위해 메리의 생명을 빼앗는 것은 옳지 않다는 결론이 나옵니다.

그러나 우리가 살펴보았던 것처럼, 신부가 호소한 직관(이식의 사례에서 생명을 빼앗는 것은 옳지 않다는 것)은, 무고한 생명을 빼앗는 것이 언제나 옳지 않다는 결론을 함축하지는 **않아요**. 그리고 실제로 신부가 간과했던 또다른 강력한 직관이 존재해요. 우주비행사나 잠수함의 사례에서는 무고한 생명을 빼앗는 것이 **옳지요**!

일단 이런 도덕적 직관들에 호소하기 시작하면, 그중 어떤 것만을 임의로 선택해 골라낼 수는 없어요. 이식의 사례에 관한 직관을 존중한다면, 우주비행사나 잠수함의 사례에 관한 직관도 분명히 존중해야만 합니다. 그럴 경우, 조디를 살리기 위해 메리를 죽일 수 없다는 신부의 정당화는 무너집니다.

앞에서 말한 것처럼, 조디와 메리의 사례는 직관적으로 볼 때, 이식의 사례보다는 우주비행사의 사례와 도덕적으로 더 유사한 것 같아요(적어도 나는 그렇게 생각해요). 따라서 이런 종류의 직관에 호소하면, 결국 조디를 살리기 위해 메리를 죽이는 것을 **지지하게 됩**니다.

어려운 도전

나처럼 양쪽의 도덕적 직관 모두를 존중하고 싶은 사람은 다음과 같은 도전을 받게 됩니다. 왜 한 우주비행사를 살리기 위해 다른 우주비행사를 죽이는 것은 허용되는 반면, 심장질환환자를 살리기 위해 암환자를 죽이는 것은 허용되지 않는가? 우리는 한 생명을 구하기 위해 다른 무고한 생명을 빼앗는 것이 때로는 도덕적으로 옳지만, 때로는 그렇지 않다는 점을 직관적으로 인식합니다. 어디에 경계선을 그어야 할 것인지를 정당화하는 것은 쉬운 일이 아니에요. 우주비행사의 사례와 이식사례의 본질적인 차이점은 무엇일까요? 내가 그 문제에 적절하게 대답할 수 있을지는 확신할 수 없어요. 여러분도 나름대로 생각해보세요.

부록: 부모의 결정은 무시되어야만 하나?

메리를 죽임으로써 조디를 살리는 것이 옳은지와는 별도로 우리가 고려해야 할 문제가 있어요. 부모의 바람에도 불구하고 이에 대한 결정이 강제로 집행되는 것이 옳을까요? 어떤 사람들은 그렇다는 견해를 가질 수도 있고, 또 어떤 사람들은 전반적인 시각에서 고려할 때 부모에게 이러한 결정을 강요하는 것은 옳지 않다는 견해를 가질 수도 있어요. 최종적으로 수술결과를 떠안고 살아가야 할 사람은 우리가 아니라 바로 부모예요. 조디와 메리의 부모는 신체적으로 장애가 있는 아이를 오랫동안 돌보아야 하는 문제와 직면할 겁니다. 또한, 그 아이를 볼 때마다 '신의 뜻'을 지키지 못했다는 생각이 떠오를 겁니다.

그리고 이런 문제도 있어요. 부모는 그들이 속한 공동체가 조디의 신체적 장애 때문에 조디에게 상처를 줄 수도 있다고 믿고 있어요. 또한, 조디에게 좋은 삶의 질을 제공하기 위해 필요한 경제적·재정적 자원이 부족하다고 믿고 있어요.

나는 부모의 어려움에 공감합니다. 그러나 나는 또한 부모의 견해가 무시되어야 한다고 믿습니다. 우리는 일반적으로, 자신의 믿음 때문에 구할 수도 있는 생명을 구하지 않는 종교적 믿음을 가진 사람들의 행위를 허용하지 않습니다. 예컨대, 여호와의 증인 신자들이 수혈을 해서는 안된다는 믿음에 따라, 자녀의 생명을 구할 수 있는데도 불구하고 수혈을 거부하는 것을 허용하지 않습니다.

또다른 반론을 볼까요? 조디는 자신에게 동정적이지 않고 도와줄 준비도 되지 않은 가족과 공동체 속에서 신체적 장애를 가지고 살아가야만 합니다.

내가 보기에 이것들은 현재의 논의주제와 대부분 별 관련이 없어요. 우리는 그런 의견들을, 살릴 수도 있는 그 아이를 죽게 내버려두는 이유로 삼을 수는 없어요. 왜 그 의견들은 조디와 메리의 사례와 관련성이 없을까요? 조디는 밝고, 조심성이 많고, 상황이 달랐다면 아마 100년 정도는 거뜬히 건강하게 살아갈 수 있는 아이입니다. 신체적 장애가 그녀에게 부담이 되고, 무지한 사람들이 상처를 줄 거라는 이유 때문에 그녀를 죽게 내버려두어야 한다는 주장은 결코 옳지 않아요. 예외없는 '살 권리'를 믿는 사람들이 이와 다르게 주장한다는 건 이상한 일이죠.

생각 넓히기

● 이 글은 철학적 사고가 삶에 어떻게 적용될 수 있는지에 관한

예를 보여줍니다. 도덕적으로 옳은 행동에 관한 주제를 다루고
있죠. 철학적 사고가 윤리적 주제에 어떻게 적용될 수 있는지
에 관한 또다른 문제들은 제1권의 2장, 12장, 제2권의 9장을 참
고하세요.

제 6 장

이상한 수의 영역

06

수학은 현대생활과 밀접한 관련이 있습니다. 욕실에 타일을 깔 때, 제주도여행에 걸리는 시간을 계산할 때, 전기밥솥을 만들 때, 인간을 달에 보내려고 할 때 수학은 필수적이지요. 수학이 없다면 우리의 삶은 거의 상상하지 못할 정도로 달라졌을 겁니다. 그런데 수학은 정확하게 무엇인가요? 수학적인 계산을 할 때, 일부 수학자와 철학자가 믿듯이, 우리와 독립적으로 '저기 밖에' 존재하는 수의 이상한 영역을 탐험하는 걸까요? 아니면 수학과 수학적 진리는 결국 우리가 만든 것일까요?

욕실에 타일 깔기

수진은 수학을, 한결은 과학을 공부하고 있어요. 두 사람은 욕실 바닥에 한 변이 10cm인 정사각형 타일을 깔려고 해요. 한결이 길이를 재어보니 가로와 세로가 각각 120cm였어요. 수진이는 12×12＝144를 계산하여 144개의 타일을 사 왔지요. 수진이는 바닥에 타일을 모두 깐 후 정확하게 들어맞는 걸 발견했어요.

수진 완벽해. 수학이 어떻게 이런 일을 다 할 수 있는지 참 놀라운걸.

한결 ̄ 뭐가 그렇게 놀라워?

수진 ̄ 욕실바닥은 가로와 세로가 각각 120cm였어. 그래서 나는 수학의 곱셈규칙을 이용해 욕실바닥을 채우기 위해서는 정확하게 144개의 타일이 필요하다는 점을 계산해냈지. 그리고 타일을 다 깔았을 때, 정확하게 144개의 타일이 바닥을 덮게 된다는 점이 밝혀졌어.

한결 ̄ 그게 그렇게 놀랍니?

수진 ̄ 그럼 놀랍지 않니? 욕실바닥에 타일을 깔 때나, 산의 높이를 잴 때나, 또는 로켓에 어느 정도의 연료를 채워야 하는지를 계산할 때 수학은 언제나 올바른 답을 줘. 정확한 자료만 대입한다면, 수학은 언제나 올바른 결과를 산출해내지. 수학은 어떻게 이렇게 신빙성 있게 정보를 제공할 수 있을까?

규약주의

한결은 여전히 별로 감동받지 않은 표정이에요.

한결 ̄ 사실, 수학은 사실적인 정보를 제공하는 게 아니야. '144' 개의 타일이 있다고 말하는 것과 '12×12'개의 타일이 있다고 말하는 것은, 그저 동일한 것을 두 가지 다른 방식으로 말하는 것일 뿐이야.

한결은 창 너머 숲 속의 나무를 가리킵니다.

모든 까투리는 암컷이다

까투리

아이 사소해라!

'규약에 의한 참'은 저기 밖의 사실들과 관계없이 참이에요. 암컷 꿩이라고 말하는 거나 까투리라고 말하는 거나 같은 것이지요.

한결 ― 저 멀리 보이는 생물체가 까투리라고 가정해보자. 그리고 나서 나는 동일한 생물체가 암컷이면서 동시에 꿩이라고 예측해. 그렇다면 너는 내 예측이 참으로 밝혀질 거라고 생각하니?

수진 ― 물론이지.

한결 ― 왜?

수진 ― 왜냐하면 '암컷 꿩'이라는 표현과 '까투리'라는 표현은 서로 교환될 수 있다는 언어적 규칙 또는 규약이 있기 때문이야. 그것은 미리 규정되어 있어. 따라서 네 예측은 하나도 놀라운 것이 아니야. 암컷 꿩이라고 말하는 것은, 까투리라고 말하는 것 이상의 정보를 제공하는 게 아니야.

한결 ― 맞아. 그런데 12×12개의 타일이 144개의 타일이라는 예측도 마찬가지라는 생각이 들지 않니?

수진 ― 왜 그렇게 생각하니?

한결 ― 왜냐하면 우리가 계산할 때 사용하는 규칙들도 우리가 그렇게 정해놓은 약정 내지 규약이기 때문이야. 이 규칙들은 '12×12'라는 표현과 '144'라는 표현이 서로 교환될 수 있음을 함축하지. 따라서 '12×12'개의 타일이 있다고 말하는 것이나 '144'개의 타일이 있다고 말하는 것은, **동일한 정보를 두 번에 걸쳐 제공하는 것**에 지나지 않아.

수학적 진리는 우리가 미리 정해놓은 규약의 결과이거나 아니면, 이러한 규약들에서 연산과 추론에 따라 나온 결과이기 때문에,

118

수학적 진리는 '규약에 의한 참'이라고 보는 이론을 **규약주의**(conventionalism)라고 해요. 수학적 계산을 하는 데 개입하는 규칙들은, '까투리'와 '암컷 꿩'이 서로 교환될 수 있다는 식의 단순한 규칙에 비해 훨씬 복잡하다는 건 말할 것도 없지요. 그러나 한결의 견해에 따르면 그 원리는 본질적으로 동일합니다.

수학적 사실

수진은 이에 대해 상당히 다른 생각을 가지고 있어요.

수진─ 수학적 진리는 규약에 의한 참이 아니야.

한결─ 그럼 어떻게 참이 되는 거니?

수진─ 수학적 진리는 사실에 의해 참이 돼.

한결─ 어떤 종류의 사실?

수진─ 물론 **수학적 사실**이야. 내가 모든 까투리는 암컷이라고 한다고 해봐. 네가 말한 것처럼 그것은 사소하게 참이며, 규약에 의해서 참이야. 그런데 내가 **모든 까투리는 부리를 가지고 있다**고 한다고 해봐. 그것은 규약에 의한 참은 아니야. 동의하니?

한결─ 그래. 세계의 어디에선가 부리가 없는 까투리가 있을지도 모르는 일이니까.

반면, '사실에 의한 참'은 저기 밖에 나가서 확인해봐야 합니다. 세상의 모든 까투리가 부리를 갖고 있다고요? 그걸 어떻게 증명하죠? 찾다보면 어딘가에 부리가 없는 까투리가 있을지도 몰라요.

모든 까투리는 부리가 있다.

수진 ─ 그렇지. 부리가 없는 까투리가 있을 수도 있어. 따라서 모든 까투리가 부리를 가지고 있다는 주장이 참이라면, 그것은 사실에 의해 참이 되는 거야. '저기 밖에' 있는 사실들이 내 주장을 참이 되게 만들어주는 거지. 모든 까투리는 실제로 부리를 가지고 있어. 그렇지?

한결 ─ 그렇겠지.

수진 ─ 나는 수학적 믿음도 마찬가지라고 생각해. 실재(reality)에는 단지 천문학적·지질학적·물리학적·화학적 사실들만 포함되는 게 아니야. $12 \times 12 = 144$와 같은 수학적 사실도 포함돼. 수학적 믿음을 참으로 만드는 것은 이런 외적인 수학적 사실들이야.

두 종류의 진리

수진과 한결은 결과적으로 두 종류의 진리가 존재한다는 점에 동의합니다. '모든 까투리는 암컷이다'와 같이 '사소하게' 참인 진리가 존재하죠. 이 진리는 규약에 의해 참입니다. 한편, '모든 까투리는 부리를 가지고 있다' 같은 진리도 존재해요. 이 진리는 사실에 의해 참이 되죠.

모든 까투리가 암컷이라는 것이 규약에 의해 참이라는 말은, 우리가 이 점을 알기 위해 모든 까투리를 일일이 조사할 필요가 없음을 의미합니다. 사실이 어떠하다는 점은 아무 관계가 없어요. '저기 밖의' 사실들이 마침 어떠하다는 것은 아무 문제가 되지 않아요. 규약에 의해 참인 진리는 어떤 경우에도 참이에요. 그것은 '사소하게' 참이죠.

한편, 사실에 의해 참인 주장은 '사소하게' 참이 아니에요. 사실, 그 주장은 사실들이 주장된 바와 다를 수도 있기 때문에 거짓이 될 수도 있어요. 수진이 지적한 것처럼 모든 까투리는 부리를 가지고 있다는 것이 거짓이라고 밝혀질 수도 있지요. '사소하지 않은' 주장이 참인지의 여부를 알기 위해서는 사실들이 실제로 주장한 바와 같은지를 조사해보아야 합니다. 즉 밖으로 나가서 까투리들을 조사해보아야 하지요.

한결은 수학적 진리는 규약에 의해 참이라고 믿어요. 수학적 진리는 모든 까투리가 암컷이라는 주장과 마찬가지로, 우리 자신이 발명해낸 진리예요. 반면에 수진은 수학적 진리는 독립적인 수학적 사실에 의해 참이 된다고 믿습니다. 이런 견해를 수학적 실재론(mathematical realism)이라고 합니다.

둘 중 올바른 견해가 있다면, 과연 어느 쪽이 옳을까요?

이상한 수의 영역

수진은 어떤 종류의 사실이 수학적 판단을 참이 되도록 한다고 믿을까요? 이 문제에 대해 좀더 자세히 알아봅시다. 자, 만약 우리가 천문학적·지질학적·물리학적·화학적 사실들을 알고 싶을 때, 우리는 어디에서 조사해야 할지를 잘 압니다. 그런데 수학적 사실들을 알려면, 우리는 어디에서 조사해야 할까요? 수진은 이렇게 설명합니다.

수진 ― 수학자들은 스스로 자신들이 천문학자와 비슷한 역할을 한다고 생각해. 천문학자들이 망원경을 사용해 펄서(pulsar)*나 준성(準星)* 그리고 빅뱅과 같은 낯설고 새로운 천체나 사실을 밝히듯이, 수학자들은 그보다 더 높고 더 장엄한 영역인 **수들의 영역**을 조사해.

한결 ━ 수들의 영역?

수진 ━ 그래. 아주 특별한 영역이지. 수들은 펄서나 준성보다 훨씬 특별한 것 같아. 왜냐하면 수들은 **물리적인** 사물이 아니기 때문이야.

한결 ━ 숫자 2는 분명히 우리가 여행하면서 만날 수 있는 종류의 사물은 아니라는 점에 동의해.

수진 ━ 그렇지. 그것은 어디에선가 **물리적으로** 자리잡고 있는 게 아니야. 하지만 그것은 **존재하고** 있어.

한결 ━ 수들이 물리적인 것도 아니고 물리적으로 자리잡고 있는 것도 아니라면, 그것들이 존재한다는 주장을 어떻게 이해해야 할지 모르겠어. 분명히 물리적 대상, 물리적 힘, 그리고 물리적 속성이 있는 물리적 세계만이 실제로 존재하는 것 아니니?

수진 ━ 아냐. 물리적인 것 이외의 실재도 존재해.

한결 ━ 그 이상한 영역이 도대체 뭐니?

수진 ━ 수들의 영역은 영원해. 물리적인 세계는 시간적인 시작점(빅뱅)을 가지고 있고, 결국 언젠가는 종말을 맞이하게 돼. 그러나 수들의 영역은 시작도 끝도 없어. 2+2=4는 시간과 관계없이 참이야. 심지어 물리적 세계와 그 안의 모든 것들이 파괴된다고 해도 여전히 참이야.

한결 ━ 알았어.

수진 ━ 저 높은 곳에 있는 별들은 끊임없는 변화의 흐름 속에 있어. 수들의 영역에는 결코 변화란 없어. 수학적 판단을 참 또는 거짓으로 만드는 것은 바로 이 이상한 대상들(수들)에 관한 사실이야. 12×12＝144라는 믿음이 참인 까닭은, 이 믿음이 수들의 영역이 어떻다는 것을 정확하게 그려내고 있기 때문이야.

물론, 규약주의자인 한결은 수진이 '저기 밖에' 존재한다고 믿고 있는 이 이상한 영역은 환상에 불과하다고 생각합니다.

한결⎯ 내가 보기에는 수학자들이 조사하고 있는 '수들의 영역'은 실제로는 우리 자신이 고안한 테마파크에 지나지 않아. 수학자들이 계산을 할 때 **실제로** 하는 모든 일들은, 수학자 스스로가 기호의 조작을 위해 정해둔 특정한 규약(때때로 새로운 규약을 덧붙이기도 하겠지만)에 의해 어떤 결과가 나타나는지를 해명하는 것일 뿐이야. 수학과 수학의 진리들은 전적으로 우리 자신이 만든 거야.

한결이 옳은가요? 수학자들은 어떤 종류의 장엄하고 독립적인 실재를 묘사하고 있나요? 아니면 수학은 근본적으로 우리가 만들어놓은 테마파크에 불과할 뿐인가요?

왜 우리의 감각은 수학적 주장들을 입증할 수 없나?

한결은 수학적 실재론이 거짓임을 증명할 수 있다고 생각합니다. 그녀가 해야 할 첫번째 논증은 수학적 지식이 경험에 기초하지 않는다는 점을 보여주는 거에요.

한결 ― 나는 수학이 '저기 밖에' 있는 실재를 묘사하는 것이 아니라는 점을 증명할 수 있어.

수진 ― 어떻게?

한결 ― 우선, 수학적 진리에 관한 우리의 지식이 **경험**에 기초하지 않는다는 점을 주목해봐.

수진 ― 그건 믿을 수 없어. 분명히 우리의 경험은 12×12＝144임을 입증하고 있어. 만약 내가 12개의 타일이 들어 있는 12개의 무더기를 세어보면, 전체적으로는 144개의 타일을 세는 걸 거야. 그렇다면 이것은 12×12＝144임을 입증하는 것 아니겠니?

수진이 옳은 것 같습니다. 그러나 한결이 지적하는 것처럼 상황은 그리 간단하지 않아요.

한결 ― 아냐, 그건 입증하는 게 아니야. 네가 12마리씩의 토끼가 있는 12무리를 세어본 다음 한 우리에 넣었다고 해봐. 이 경우에도 그 우리에 144마리의 토끼가 있을까? 반드시 그렇지는 않을 거야. 그 우리 속의 토끼들을 다시 세어보면, 토끼들이 번식해서 150마리의 토끼가 있는 걸 발견할 수도 있어. 내 말이 맞니?

수진 ― 응, 그래.

한결 ― 수학은 네가 다음에 다시 셀 때, 토끼가 150마리일 수 없다는 걸 말해주는 게 아냐. 수학이 말하는 건 단지, 각각 12마리씩의 토끼가 있는 12무리를 센다면, 144마리의 토끼를 세게 된다는 것뿐이야. 수학은 네가 다음번에 다시 셀 때 얼마나 많은 토끼

124

들을 세게 될 것인지를 예측하지는 않아.

한결이 옳은 것 같네요. 수학은 물리적으로 어떤 사물들을 결합할 때 무슨 일이 일어날 것인지에 대해서는 말하지 않아요. 토끼 2마리를 결합하는 것은 토끼 2마리 이상을 만들어낼 수도 있지요. 수학의 '더하기'에 대해 말할 때, 우리는 요리할 때처럼 **물리적으로** 사물들을 결합하는 것에 대해 말하는 건 아니에요. 예를 들어, 각각 1kg인 20개의 우라늄235를 물리적으로 '더하기'함으로써, 우리는 총 20kg의 우라늄235를 얻는 게 아니라 핵폭발을 얻게 되지요. 사실, 우리는 물리적으로 몇광년씩 떨어진 사물들(가령, 별들)을 수학적으로 '더하기'할 수도 있어요.

한결 그렇다면 수학은 네가 타일을 두번째 셀 때, 얼마나 많은 타일을 세게 될 것인지에 대해서는 아무 말도 하지 않아. 몇개의 타일이 사라질지도 모르고, 아니면 타일 전체가 '펑'하는 연기와 함께 완전히 없어져버릴 수도 있겠지. 따라서 네가 타일을 다시 세었을 때 마침 144개의 타일이 있었다는 사실은 $12 \times 12 = 144$라는 점을 입증하는 것이 아니야. 왜냐하면 수학은 두번째 셀 때 144개의 타일이 있을 거라거나, 그렇게 될 가능성이 크다는 식의 주장을 전혀 하지 않기 때문이야.

이번에도 한결이 옳은 것 같네요. 여러분은 수학적 진리를 정당화하기 위해 경험에 호소할 수도 없고, 또 호소할 필요도 없어요. 물론, 다양한 수학적 기호가 무엇을 의미하는지를 배우기 위해서는 명백하게 경험이 필요해요. 또한, 수학적 언어가 어떻게 사용되는지를 배우기 위해서도 경험이 필요하지요. 그러나 일단 그것을 파악한 다음에는, 원리적으로 '12×12＝144'가 무엇을 표현하는지를 알기 위해서 **추가적인 경험을 할 필요는 없어요.** 12×12＝144는 오직 **이성으로만** 입증할 수 있지요. 그것은 '머릿속에서' 성취할 수 있는 어떤 것이에요. 이런 종류의 지식(경험에 의존하지 않는 지식)을 **선험적 지식**(a priori knowledge)이라고 합니다.

왜 수학은 '저기 밖에' 있을 수 없나?

한결의 논증은 다음 단계로 넘어갑니다.

한결― 어떤 진리가 단지 규약에 의한 참이라면, 관련된 규약을 파악함으로써 그것이 참임을 알 수 있어. 예를 들어, 우리는 앞에서 모든 까투리가 암컷임을 알기 위해 밖으로 나가서 모든 까투리를 조사할 필요는 없다는 점을 살펴보았어. '까투리'가 무엇을 의미하는지를 이해하는 것으로 충분해.

수진― 그래.

한결― 그런데 어떤 주장이 규약에 의해서가 아니라 사실에 의해서 참이 된다면, 그 주장이 참인지 아닌지를 입증하기 위해 그 사실을 찾아서 확인해볼 필요가 있어. 따라서 모든 까투리는 부리를 가지고 있다는 주장이 참인지 아닌지를 알아내기 위해서는 실제 사실을 조사할 필요가 있어.

수진― 그것도 그래.

한결― 그런데 너 같은 수학적 실재론자들은 수학적 진리가 규약이 아니라 수학적 사실에 의해 참이 된다고 믿고 있어. 그리고 수학적 사실이란 '저기 밖에' 우리와 독립적으로 존재하는 이른바 '수들의 영역'에 있는 사실이라고 믿고 있어. 그런데 이런 견해는 다음과 같은 문제를 제기해. 수학적 실재론이 옳다면, 우리는 이 사실에 관한 지식을 어떻게 획득할까?

수진 ⌐ 글쎄, 잘 이해가 안돼.

한결 ⌐ 우리가 수학적 계산을 할 때, 독립적인 실재, '저기 밖에' 존재하는 실재에 대한 지도를 그려나가고 있다면, 우리는 이 실재의 특성에 대해 어떻게 알게 되는 것일까? 어떤 불가사의한 능력이 이 이상한 영역을 드러내보이는 것일까?

수진 ⌐ 글쎄, 여전히 뭐가 문제인지 모르겠어.

한결 ⌐ 음, 나는 과학도야. 사물이 '저기 밖에서' 어떤 상태에 있는지를 알고 싶을 때, 나는 오감을 사용해야만 해. 과학자들은 보고, 듣고, 냄새 맡고, 만지고, 경우에 따라 맛봄으로써 세계를 알아가. 그리고 감각을 보조하기 위해 망원경이나 현미경 같은 도구들도 사용해.

수진 ⌐ 아, 이제 알겠어.

한결 ⌐ 그런데 너 같은 수학적 실재론자들은, 천문학적·지질학적·물리학적·화학적 사실들 이외에도 '저기 밖의' 세계에서 우리들에게 발견되기를 기다리는 사실들이 있다고 말하고 있어. 수학적 사실의 영역이 존재한다고 말하는 거지.

수진 ⌐ 바로 그거야. 그런 영역이 존재해.

한결 ⌐ 그런데 수학자들은 수학적 사실이 무엇인지를 어떻게 입증하니? 그 사실을 탐지하기 위해 어떤 감각을 사용하니?

이것은 대답하기 매우 어려운 문제예요. 한결이 지적하는 것처럼, 천문학자들은 천문학적 사실을 관찰함으로써, 오감을 사용함으로써, 때로는 망원경과 다른 장치들을 보조적으로 사용함으로써 천문학적 사실들을 입증합니다. 그러나 수학자들은 수들의 영역에 존재하는 사실들을 어떻게 알아낼까요?

여러분은 수학자들이 천문학자들과 똑같은 방식으로 지식을 얻는다고 주장할 수도 있어요. 즉 수학자들도 감각을 이용한다는 거죠. 천문학자들이 관찰을 통해 지구가 태양 주위를 공전한다는 사실을 밝힐 수 있었듯이, 수학자들도 $12 \times 12 = 144$라는 점을 밝힐 수 있다고 말이지요.

그런데 우리는 수학적 지식이 **경험에 기초하는 것 같지 않다**는 점을 이미 살펴보았어요. $12 \times 12 = 144$라는 것은 선험적으로 알려진 것이에요. 원리적으로 그것은 전적으로 머릿속에서 해명될 수 있는 것이지요.

이 견해가 옳다면, 수진과 같은 실재론자들은 문제에 부딪힙니다. 우리의 오감은 외부의 실재로 나아가는 유일한 창인 것 같아요. 우리는 관찰을 통해 천문학적·지질학적·물리학적·화학적 사실들을 입증합니다. 그런데 만약 수학적인 사실들도 이런 독립적인 실재의 일부라면, 그리고 오감으로 이런 수학적인 사실을 밝혀낼 수 없다면, 우리는 어떻게 수학적 사실에 대해 알게 될까요?

요컨대, 수진과 같은 수학적 실재론자들은 수학적 지식이 어떻게 얻어지는지를 설명하는 것에 대해 어려움을 느끼게 됩니다.

수학적 '직관'과 플라톤의 해결책

몇몇 수학적 실재론자들은, 우리가 여섯번째의 추가적인 감각, 즉 '직관'이라고 불리는 감각을 가지고 있다고 주장함으로써 이 문제를 해결하려 해요. 이 추가적인 감각(일종의 수학적 안테나)이 바로 우리가 수학적 사실들을 식별해내도록 만들어준다고 하죠.

그러나 이건 또다른 신비한 무언가를 도입하는 것에 불과해요. 우리를 수들의 영역에 연결하는 이 불가사의한 능력은 무엇일까요? 그것은 어떻게 작동할까요? '직관'에 대해 호소하는 것은 하나의 신비를 또다른 신비로 대체함으로써만 가능할 뿐이에요.

플라톤(Platon, 기원전 428?~347)과 같은 일부 수학적 실재론자들은, 우리가 어떻게 수학적 지식을 획득하는지의 문제를, 수학적 지식은 본질적으로 **기억되는** 것이라고 주장함으로써 해결하려 했어요. 플라톤의 견해에 따르면, 영원불멸의 영혼은 우리가 태어나기 이전에 수들의 영역과 접한 적이 있어요. 그때 우리는 수학적 사실들에 접했지요. 그후 어떤 계산을 할 때, 그저 우리가 태어나기 이전에 접했던 사실들을 **상기하고** 있을 뿐이에요.

그러나 이런 주장은 이것이 답하는 문제만큼이나 많은 문제들을 제기하고 있어요. 영혼은 무엇인가요? 영혼은 물리적으로 구체화되기도 전에 어떻게 수들의 영역에 대한 지식을 획득할까요? 이런 문제들은 플라톤이 대답하려 한 문제만큼이나 신비스런 문제죠.

한편, 규약주의의 가장 큰 장점은, 우리가 수학적 진리에 대한 지식을 어떻게 획득하는지를 쉽게 설명한다는 점이에요. 만약 12× 12＝144가 단지 '규약에 의해 참'이라면, 이것이 참임을 아는 데는 특별한 문제가 없어요. 그것을 해명하기 위해서는 단지 관련된 규약만 파악하면 되니까요.

규약주의가 수학적 지식에 대해 아주 쉽게 설명한다는 점은, 실재론보다 규약주의를 더 선호할 만하다는 주장에 대한 강력한 근거를 제공하는 것 같아요.

왜 수학은 '저기 밖에' 있어야만 하나?

그렇다면 우리는 실재론을 포기하고 규약주의를 채택해야만 할까요? 그렇지만은 않은 것 같아요. 왜냐하면 규약주의도 강력한 반대에 부딪히기 때문이죠. 특히, 다음과 같은 생각은 규약주의가 참일 수 없음을 보여주고 있어요.

수진─ 좋아. 우리가 어떻게 수학적 지식을 획득하는가 하는 문제에는 어떤 신비한 점이 있음을 인정하겠어. 하지만 그렇다고 해서 규약주의를 채택할 것을 종용받을 필요는 없어. 왜냐하면 규약주의는 거짓임이 **분명하기** 때문이야.

한결─ 왜?

수진─ 음. 우리와 다른 수학적 규약을 사용해서 계산을 하는 외계문명이 있다고 상상해봐. 곱하기, 더하기, 빼기,

이럴 수가! 우리 황수학에 문제가 있었단 말인가!

나누기 등의 규칙을 사용하는 대신, 이 외계인들은 황곱하기, 황더하기, 황빼기, 황나누기 등의 규칙을 사용한다고 해봐. 이러한 외계인의 계산체계를 **황수학**이라고 부르기로 해. 황수학에서는 12 황곱하기 12는 150이고, 그것은 '규약에 의해 참'이야.

한결 ― 참 별난 생각이네.

수진 ― 물론 별나다는 점은 나도 알아. 그러나 그런 또다른 계산체계가 적어도 **가능하지는** 않겠니?

한결 ― 그렇겠지. 가능하긴 해.

수진 ― 너는 12 곱하기 12는 144라는 것이 단순히 규약에 의해 참이라는 점을 믿고 있어. 맞니?

한결 ― 그래.

수진 ― 그런데 12 황곱하기 12는 150이라는 것 또한 규약에 의해 참이야. 그렇지?

한결 ― 그래. 맞아.

수진 ― 그런데 만약 이 외계문명이 수학규칙에 의거하지 않고 자기네 황수학의 규칙에 따라서 계산을 한다면, 그들은 **모든 일을 엉망으로 만들어버리게 될 거야.** 우리는 수학규칙에 따라 계산하기 때문에, 다리가 무너지지 않도록 건설할 수 있고, 사람들을 달에 보낼 수도 있으며, 제주도로 가는 비행기가 연료 부족으로 불시착하지 않게 할 수 있어. 그런 반면에 황수학을 사용하는 외계문명은 자신들의 문명을 오래 유지할 수 없을 거야. 그들이 만든 다리는 무너지게 될 것이고, 전기제품은 불량품이 될 것이며, 우주선은 항상 연료가 부족하게 될 거야. 너도 알다시피, 황수학과는 달리 수학은 **모든 일이 실제로 제대로 되게끔 만들어.**

한결 ― 네 말이 맞아.

수진 ━ 그렇다면, 황수학의 진리와는 달리, 수학적 진리는 단지 '규약에 의한 참'에 불과한 것이 아니야. 수학의 진리는 **실제로 참**이야. 수학의 진리는 세계의 '저기 밖에서' 사물이 어떠하다는 것을 정확하게 재현해내고 있어. 만약 네가 수학이 아니라 황수학을 사용한다면, 틀림없이 **잘못된 결과**를 맞게 될 거야.

수진은 무엇인가를 알아차린 것 같네요. 우리는 종종 수학을 이용해서 무슨 일이 일어날 것인지를 예측하죠. 만약 수진이 욕실바닥을 덮으려면 얼마나 많은 타일이 필요한지를 알기 위해 수학 대신에 황수학을 사용한다면, 수진은 결국 6개의 타일이 남는다는 사실을 알게 될 겁니다. 황수학과 달리 수학은 **올바른 결과**를 제공하지요. 따라서 황수학과 달리 수학은 '저기 밖에' 있는 세계의 구조를 어떠한 방식으로든 정확하게 반영하는 데 성공하고 있어요. 만약 그렇다면, 12×12＝144라는 것은 '사소하게' 참인 게 아니고, 규약주의는 거짓임에 틀림없어요.

**뚝딱뚝딱
생각의 도구**

**이성주의 대
경험주의**

규약주의는 종종 **경험주의**(empiricism)라고 불리는 입장과 밀접하게 연관됩니다.

경험주의자들은 모든 '사소하지 않은' 지식은 우리의 오감에서 유래한다고 믿어요. 이성주의자들은 이것을 부인하지요. 이성주의자들은 우리가 적어도 몇몇 '사소하지 않은' 지식을 선험적으로 알고 있다고 믿습니다. 경험주의적 진영에는 밀(J.S. Mill, 1806~73), 로크(J. Locke, 1632~1704), 버클리(G. Berkeley, 1685~1753), 흄(D. Hume, 1711~76), 그리고 콰인(W.V. Quine, 1908~2000) 등의 철학자들이 있습니다. 이성주의(rationalism)적 진영에는 플라톤, 데까르뜨(R. Descartes, 1596~1650), 라이프니츠(G.W. von Leibniz, 1646~1716), 그리고 스피노자(B. Spinoza, 1632~77) 등의 철학자들이 있습니다. 예를 들어, 데까르뜨는, 우리는 신이 존재한다는 것을 선험적으로 알 수 있다고 생각했어요. 신이 존재한다는 것은 말할 것도 없이 상당한 정도의 '사소하지 않은' 지식이에요. 일부 이성주의자들은 몇몇 '사소하지 않은' 지식을 경험과 독립적으로 소유할 수 있다는 주장에 그치지 않고, 나아가 이것이 진정한 지식을 얻기 위한 유일한 경로라고 주장합니다. 우리의 오감은 어떤 지식도 제공할 수 없다는 거죠. 이것이 플라톤의 견해예요.

수학은 줄곧 경험주의적 입장에서는 가시와 같은 존재였어요. 왜냐하면 수진이 지적한 것처럼, 수학적 지식은 '사소하지 않은' 지식처럼 보이기 때문이죠. 그러나 한결이 지적한 것처럼, 수학적 지식은 선험적 지식처럼 보이기도 해요.

따라서 경험주의자들은 두 가지 선택지 중 하나를 골라야 해요. 수학이 선험적이라는 견해를 포기하거나(밀은 이 견해를 택하죠), 수학적 지식이 결국 사소하다는 점을 보여주거나(로크, 버클리, 흄은 이 견해를 택합니다) 해야 하죠.

규약주의는 명백하게, 수학적 지식이 근본적으로 '사소한' 지식에 불과하다는 점을 보여주려고 합니다. 이 때문에 많은 경험주의자들은 규약주의에 호소하고 있답니다.

생각 모으기

수학과 수학의 진리는 우리의 발명품일까요? 아니면 수학은 우리와 독립적으로 존재하는 '저기 밖에' 있는 실재를 묘사하고 있을까요? 철학적·수학적 의견은 여전히 나뉘어 있어요.

한편, 우리는 규약주의를 옹호하는 상당히 강력한 논증을 살펴보았어요. 그 논증에 따르면 오직 규약주의, 또는 그와 유사한 어떤 입장만이 수학적 지식을 설명할 수 있는 것 같지요.

다른 한편, 수진이 올바르게 지적한 것처럼, 수학의 진리는 황수학의 진리와는 달리 단지 규약에 의해 참이 되는 것 같지는 않아요. 수학은 **모든 일이 제대로 되게끔 만들어준다**는 사실은, 수학이 황수학과는 달리 외부세계의 실재에서 '저기 밖의' 사물들이 어떤 상태에 있는지를 정확하게 반영한다는 점을 보여주는 것 같아요.

그렇다면 과연 어느 입장이 옳은 것일까요?

생각 넓히기

- 제2권의 8장과 연관지어 이 글을 다시 읽어본다면 도움이 될 겁니다. 제2권의 8장에서는 또다른 종류의 실재론인 **도덕적 실재론**에 대해 논의하고 있습니다.

- 수학적 실재론자들은 수학적 판단이 우리와 독립적으로 '저기 밖에' 있는 수학적 사실에 의해 참이 된다고 믿습니다. 이와 마찬가지로 도덕적 실재론자들은 도덕적 판단이 우리와 독립적으로 '저기 밖에' 있는 도덕적 사실에 의해 참이 된다고 믿

지요.

• 여러분은 제2권의 8장에서 대략적으로 제시하는 입장과 논증
이 이 글에서 제시하는 입장과 논증을 반영하고 있다는 점을
알게 될 겁니다.

제 7 장

지식이란 무엇일까?

07

우리 모두는 지식을 원합니다. 우리는 버스가 언제 도착할지, 녹차는 어디에 좋은지, 내년 경제는 어떻게 될 것인지에 대해 알고 싶어하죠. 우리는 지식을 가진 사람들을 존경하고, 그들에게 조언을 얻고자 합니다. 그런데 이처럼 지식에 대해 높은 가치를 부여하면서도, 막상 지식이 무엇인지를 물어보면 상당히 당황하게 될 겁니다. '지식이란 무엇일까?' 우리는 이 질문에 쉽게 답할 수 있다고 생각하지만, 막상 답하려 하면 그렇지가 않아요. 이 글에서는 경쟁적인 두 가지 답을 살펴보겠습니다.

플라톤의 대답

플라톤(Platon, 기원전 428?~347)의 대답으로 시작해봅시다.

재수생인 복수와 철학과 학생인 전경은 경마장에 한번 가보기로 합니다. 복수는 경마에 대해 아무것도 모르지만, 어떤 식으로든 게임에 참여해보기로 결심합니다. 그는 경주에 참가할 말의 명단에서 아무렇게나 찍어서 말을 고릅니다. 그는 자기가 찍은 말이 경주에서 1등으로 도착할 거라고 추측합니다. 그런데 이게 웬일일까요? 그가 찍은 말이 1등으로 도착한 거죠.

복수⎯ 와! 봤어요? 저는 달리마가 1등으로 도착할 걸 알았어요.

전경⎯ 아니에요. 복수씨는 몰랐어요.

복수⎯ 뭐라고요? 제가 분명히 달리마가 1등으로 도착할 거라고 말했어요. 안 그래요? 그리고 달리마가 1등으로 도착했어요. 그러니까 저는 알았어요.

복수는 과연 **알았을까요**? 물론 그렇지 않지요. 복수는 단지 추측했고 운이 좋았을 뿐이에요. 단지 운 좋은 추측은 지식이 아니에요. 그런데 운 좋은 추측이 지식이 아니라면, 그밖에 무엇이 더 필요한 걸까요?

전경⎯ 복수씨는 달리마가 1등을 할 거라는 점을 몰랐어요. 물론 복수씨의 믿음이 참이었다는 점은 인정하죠. 그러나 그것만으로는 충분하지 않아요. 복수씨는 경마에 대해 아무것도 모르지 않아요? 그렇죠? 복수씨의 믿음이 참이 된 것은 단지 **우연의 일치**일 뿐이에요.

복수⎯ 그럼 무엇이 또 필요해요?

전경⎯ 정당화! 무엇인가를 알기 위해서는, 복수씨의 믿음이 반드시 참이어야 해요. 그렇지만 그것만으로는 부족해요. 복수씨는 자기가 하는 일을 믿기 위한 **상당히 좋은 근거**를 가져야만 해요.

지식에 대한 전경의 정의는 세 가지를 요구하고 있어요. 달리마가 1등으로 도착할 것이라는 점을 복수가 알기 위해서는 다음과 같은 것이 필요해요.

1. 복수는 달리마가 1등으로 도착할 거라는 점을 **믿어야** 한다.
2. 복수의 믿음은 **참이어야** 한다.
3. 복수가 그 믿음을 가지는 것이 **정당화되어야** 한다.

다른 말로 하자면, 지식은 **정당화된 참인 믿음**(justified true belief)
이지요. 지식에 대한 이러한 정의는 플라톤까지 거슬러올라가는 아
주 오래된 기원을 가지고 있어요.

달리마가 1등으로 도착할 거라는 점을 복수가 알았다고 할 수 없
는 건 어떤 점 때문일까요? 그 까닭은 첫번째와 두번째 조건은 만족
되었으나, 세번째 조건이 만족되지 않았기 때문이에요. 즉 달리마
가 1등으로 도착할 것이라는 믿음을 가지는 것이 **정당화되지 않았던
거죠**. 전경에 따르면, 이게 바로 복수가 알지 못했던 이유예요.

얼마나 많은 정당화가 필요할까?

전경이 말한 세번째 조건이 요구하는 게 무엇인지 좀더 자세히
살펴봅시다. '정당화되어야 한다'가 의미하는 바는 무엇일까요?

사실, 정당화라는 개념은 정도를 허용하는 개념이에요. 여러분의
믿음은 어느정도로 정당화됩니다. 가령, 가난한 학생으로만 알고
있던 친구 나백수가 어느날 비싼 옷을 입은 것을 본다면, 나는 그가
돈을 많이 벌었다는 추측을 뒷받침할 만한 신빙성 있는 근거를 가
지게 됩니다(그러나 그렇게 강력한 근거는 아니에요. 그 옷은 단지
선물받은 것일 수도 있으니까요). 또 나백수가 새 차를 타고 있는

걸 본다면, 내 믿음은 좀더 정당화되죠. 그리고 그가 방금 헬리콥터를 샀고 대저택을 구입했다는 말을 듣는다면, 나는 틀림없이 내 믿음을 뒷받침할 만한 상당히 좋은 근거들을 가지게 될 거예요.

그럼, 지식을 위해 필요한 정당화는 어느 정도여야 할까요? 나백수가 돈을 엄청나게 많이 벌었다는 것을 내가 안다고 하기 위해서는 얼마나 많은 증거들이 필요할까요? 전경에 따르면, 나는 내가 가진 믿음을 뒷받침할 만한 **상당히 좋은 근거들**을 가져야 합니다.

분명히 '상당히 좋은 근거들'은 모호합니다. '상당히 좋은 근거들'을 갖기 전에 우리는 정확하게 얼마나 많은 정당화를 필요로 할까요? 하지만 이런 걱정은 일단 옆으로 제쳐놓읍시다.

물론, 정당화된 믿음도 여전히 잘못되었을 수 있어요. 예를 들어, 나백수가 내게 헬리콥터를 태워주고 대저택도 구경시켜주면서 자기가 로또복권 1등에 당첨되었다고 말해준다면, 나백수에게 정말로 돈이 엄청나게 많이 생겼다고 가정할 만한 상당히 좋은 근거가 생긴 건 분명해요. 그러나 이 경우에도 내가 틀릴 수 있어요. 나백수가 거짓말을 하고 있을 수도 있고, 엄청난 부자인 매형의 재산을 관리하는 중일지도 모릅니다. 개연성은 적지만, 가능한 일이죠.

후퇴의 문제

전경과 플라톤이 제시한 지식의 정의는 '상식'으로 보입니다. 어떤 것을 알기 위해서는 분명히 그 믿음이 참이라고 생각할 만한 근거(그것도 상당히 좋은 근거)가 필요해요. 그러나 지금부터 복수가 지적하는 것처럼, 지식에 대한 이러한 정의는 즉각 곤란한 문제를 일으킵니다. 이것은 우리가 지식을 가질 수 있는 가능성을 전적으로 배제하는 것 같아요.

복수 ― 모든 지식이 정당화를 요구하는 건 아니에요. 그렇지 않아요?

전경 ― 왜요?

복수 ― 음. 저는 지금 어떤 믿음을 가지고 있어요. 저는 원빈씨가 서울에 있다고 믿고 있어요. 이 믿음을 **믿음A**라고 부르죠. 전경씨의 말에 따르면, 내 믿음이 지식으로 간주되기 위해서는 **정당화되어야만** 해요. 맞아요?

전경 ― 예.

복수 ― 그렇다면, 우리는 일반적으로 어떤 믿음을 **다른 믿음에 호소함으로써** 정당화해요. 그렇죠? 예를 들어, 저는 원빈씨가 서울에 있다는 믿음을 다른 믿음들에 호소함으로써 정당화할 수 있어요. 원빈씨가 서울에 있음을 알려주는 뉴스가 텔레비전에서 보도되었다는 믿음과 텔레비전뉴스는 상당히 믿을 만하다는 믿음에 호소할 수 있겠지요. 이 두번째 믿음을 **믿음B**라고 부르죠. 그렇다면 이제 제가 **믿음A**를 정당화하기 위해 **믿음B**에 호소하는 것은, **믿음B가 그 자체로** 정당화되는 범위에서만 정당화될 수 있겠죠? 제 말이 맞나요?

전경 ― 예, 그런 것 같아요.

복수 ― 예를 들어, 텔레비전뉴스는 상당히 믿을 만하다는 내 믿음은, 텔레비전에 보도된 수많은 사실들이 실제로 그렇다는 믿

믿음A

정당화

믿음B

플라톤에 따르면, 지식은 정당화된 참인 믿음이에요. 이 정의는 과연 논리적으로 타당할까요?

음에 호소함으로써 정당화할 수 있을 거예요. 이 세번째 믿음을 **믿음C**라고 부르죠. 그런데 만약 믿음 B가 정당화되기 위해서는, 이번에는 믿음 C가 반드시 정당화되어야겠죠? 그렇죠?

전경 ― 예.

복수 ― 이제 전경씨는 정당화의 연쇄가 끝없이 계속 될 거라는 점을 알겠죠? 단 하나의 정당화된 믿음 을 갖기 위해서도 **무한히 많은** 정당화된 믿음이 필 요할 거예요.

전경 ― 아! 그 생각은 못해봤어요.

복수 ― 그런데 저는 유한한 믿음만을 가질 수 있는 유한한 존재 예요. 따라서 저의 믿음은 단 하나도 **정당화될 수 없다**는 결론이 나 오게 되죠. 제 말이 맞아요?

전경 ― 그런 것 같은데요.

복수 ― 그렇게 되면, 지식에 대한 전경씨의 정의에 따르면, 저는 **아무것도 알고 있지 않게 되네요!**

복수는 지식이 '정당화된 참인 믿음'이라는 주장이 갖는 유명한 문제점을 제기하고 있어요. 이것은 **회의적** 결론을 강요하는 것처럼 보이네요. 즉 우리가 지식을 가질 수 있는 가능성을 **전적으로** 배제 해버리는 것 같습니다.

하지만 전경은 여전히 무슨 문제가 있는지 납득하지 못하고 있 어요.

전경 ― 만약 정당화가 순환된다면 어떨까요? 연쇄적인 정당화의 한쪽 끝을 그 연쇄가 시작되는 지점에 갖다 붙여서 전체적으로 하나의 고리를 만들면 어떨까요?

복수 ─ 그것도 안돼요. 자, 보세요. 제가 우리집 꽃밭의 바닥에 요정들이 산다고 믿고 있다고 해봐요. 그리고 이 믿음을 정당화하는 유일한 믿음은, 꽃밭의 바닥에 요정의 똥이 있다는 믿음이라고 해봐요. 그리고 이번에는 꽃밭의 바닥에 요정의 똥이 있다는 믿음의 유일한 정당화로서, 우리집 꽃밭의 바닥에 요정들이 살고 있다는 믿음을 가지고 있다고 해봐요. 이 경우 두 믿음은 어느 것도 정당화되지 않을 거예요. 분명히 그렇겠죠? 그러한 순환적인 정당화는, 그 순환에 얼마나 많은 혹은 얼마나 적은 믿음이 포함되어 있든 간에, **결코 정당화될 수 없어요.**

복수는 지식이 '정당화된 참인 믿음'이라는 주장에 대해 심각한 문제제기를 하고 있어요. 그렇지만 이 문제를 피할 수 있는 방법이 있을지도 모릅니다.

전경 ─ 좋아요. '순환적 정당화'(circular justification)는 받아들일 수 없다는 점을 인정하겠어요. 그런데 몇몇 믿음들이 스스로 정당화(self-justification)한다면 어떨까요? 연쇄적인 정당화가 **자기 스스로를 정당화하는 믿음**으로 귀착되는 경우를 생

'스스로 정당화'
하는 믿음

어떤 종류의 믿음이 '스스로 정당화'할 수 있을까요? 나는 존재한다는 나의 믿음이 그럴 겁니다. 왜냐하면 나는 존재한다고 믿음으로써, 나는 존재한다는 것을 내가 입증하고 있기 때문이죠. 따라서 나의 믿음은 내게 이 믿음이 참이라고 생각할 만한 근거를 줍니다.

어떤 철학자들은 사물이 우리에게 어떻게 보이는지에 대한 우리의 믿음 역시 '스스로 정당화'한다고 주장합니다. 나는 내 앞에 토마토가 있다고 생각하는데, 이것은 틀릴 수도 있어요. 내가 환각상태에 빠져 있을 수도 있지요. 그러나 사물들이 어떻게 보인다고 생각하는 것에서는 결코 틀릴 수 없어요. 따라서 사물들이 나에게 어떻게 보인다는 나의 믿음이 '스스로 정당화'한다는 점은 거의 확실한 거죠(아니면 그 믿음은 그저 어떤 정당화도 요구하지 않는 믿음일 따름일까요?)

각해보세요. 그렇다면 후퇴는 없을 거예요.

복수 ― 저로서는 '스스로 정당화'하는 믿음이 존재한다는 주장을 이해하기가 힘들어요. 만약 어떤 믿음이 스스로를 정당화하기 위해 사용된다면, 그 정당화는 여전히 순환적이에요. 그렇지 않아요? 그 순환이 줄어들어 단 하나의 믿음만이 순환에 포함된다고 해봐요. 그렇다고 해도 우리는 그 순환적 정당화를 허용할 수 없어요.

만약 순환의 크기가 어떠하든 간에 어떤 형태의 순환적 정당화도

**플라톤의 이론에
대한 게티어의 반론**

　지식이 '정당화된 참인 믿음'이라는 이론을 거부하게 만드는 두번째 이유가 있어요. 철학자 에드먼드 게티어(Edmund Gettier)는 1963년에 석 장짜리 논문을 출판했어요. 그는 논문에서 '정당화된 참인 믿음'이 지식이 되기 위해 충분하지 않다는 점을 보여주었어요. 게티어는 몇가지 독창적인 반례를 구성해, 어떤 인식주체가 '정당화된 참인 믿음'을 가지고 있지만, 그 주체가 알고 있는 게 아닌 경우가 있음을 보여주었지요.

　게티어식의 반례를 하나 살펴봅시다.

빨간 포르셰의 사례

　나는 학교주차장에 빨간 포르셰 한 대가 주차되어 있는 걸 보았다. 나는 쎄바스찬이 아주 흔치 않은 차인 빨간 포르셰를 몰고 다닌다는 것을 알고 있다. 그래서 나는 쎄바스찬이 오늘 학교에 있다는 믿음을 가지게 된다. 이로써 쎄바스찬이 학교에 있다는 내 믿음은 정당화된다. 그렇지만, 그 빨간 포르셰는 쎄바스찬의 것이 아니었고, 마침 누군가가 우연하게도 오늘 그 차를 몰고 학교에 왔다. 그런데 쎄바스찬도 학교에 왔다. 쎄바스찬은 자신의 차가 고장나는 바람에 오늘은 지하철을 타고 왔다. 그렇다면 나는 쎄바스찬이 오늘 학교에 있다는 점을 알고 있는가?

　이 경우에 나는 참인 믿음을 가지고 있으며, 이 믿음은 정당화되고 있어요. 따라서 지식에 대한 전경과 플라톤의 정의에 따르면, 나는 쎄바스찬이 오늘 학교에 있다는 점을 알고 있지요. 그러나 내가 알고 있다고 말하는 것은 옳지 않은 것 같네요. 왜 그럴까요? 쎄바스찬이 오늘 학교에 있다는 믿음에 대한 내 정당화가, 나의 믿음을 참으로 만든 사태와 아무 관련도 없기 때문이에요. 학교주차장에 빨간 포르셰가 있다는 점은 쎄바스찬이 오늘 학교에 있다는 점과 아무 관련이 없는데도, 그것은 쎄바스찬이 학교에 있다는 내 믿음을 정당화하고 있어요. 나는 단지 운이 좋았을 뿐이에요. 내 믿음이 참이 된 것은 그저 우연의 일치였을 뿐이죠.

또다른 게티어식의 반례를 살펴봅시다.

짬짜미경주의 사례

나는 누군가에게 다음번 경주에서는 달리마가 1등으로 도착하도록 사전에 모의되었다는 정보(모든 기수들에게 뇌물을 준다고 한다)를 얻었다. 정보를 제공한 사람은 그동안 매우 신빙성 있는 정보를 제공해오던 사람이었다. 그래서 나는 달리마가 1등으로 도착할 것이라는 믿음을 가지게 된다. 내가 들은 정보로 볼 때, 달리마가 1등으로 도착할 것이라는 내 믿음은 정당화된다. 그런데 막상 나는 모르는 채로, 모든 기수들에게 뇌물을 주기로 한 계획에 차질이 생겼고 말들은 평소와 다름없이 경주에 임하게 되었다고 해보자. 그런데도 불구하고, 우연히도 달리마가 1등으로 도착한다. 이 경우 나는 달리마가 1등으로 도착할 것이라는 점을 알았다고 할 수 있을까?

여기서도 나는 참인 믿음을 가지고 있고, 이 믿음은 정당화되지만, 그럼에도 불구하고 나는 알고 있지 않은 것 같아요.

요컨대, 여러분은 참인 믿음을 가질 수 있으며, 그 믿음에 대한 매우 좋은 근거를 가질 수도 있지요. 그렇지만 여러분은 여전히 알지 못할 수 있어요.

허용될 수 없다면, '스스로 정당화'하는 믿음 역시 허용될 수 없음은 분명합니다.

복수─ 만약 우리가 지식을 가질 수 없다는 회의적 결론을 피하기 위해서는, 모든 믿음이 정당화될 필요는 없다는 점을 인정해야 해요. 정당화되지는 않지만 지식의 자격을 갖춘 믿음이 적어도 몇몇은 틀림없이 존재해야만 해요. 그러므로 지식이 '정당화된 참인 믿음'이라는 이론은 틀림없이 거짓이에요.

이것은 지식이 '정당화된 참인 믿음'이라는 이론에 대한 심각한 문제이며, 우리가 지식을 가질 가능성을 완전히 배제합니다. 이 문제를 **후퇴문제**(regress problem)라고 부르죠.

인과적 지식이론

우리는 지식에 대한 플라톤의 정의가 후퇴문제를 초래한다는 점을 살펴보았어요. 후퇴문제는 우리가 어떤 지식도 가지지 못한다는 점을 함축하는 것처럼 보입니다. 그렇지만 우리는 분명히 지식을 가질 수 있고, 또 가지고 있지요. 따라서 지식에 대한 플라톤의 정의는 옳지 않아 보입니다. 그런데 만약 지식이 '정당화된 참인 믿음'이 아니라면, 지식은 무엇일까요?

플라톤의 정의에 대한 가장 흥미로운 대안 중 하나는 **인과적 지식이론**(causal theory of knowledge)이에요. 지금부터 복수가 전경에게 설명하는 이론이죠.

전경⌐ 만약 지식이 '정당화된 참인 이론'이 아니라면, 지식은 무엇이죠?

복수⌐ 전경씨가 어떤 것을 알기 위해서는 세 가지 조건이 필요한 것 같아요. 전경씨가 그것을 믿어야 하고, 전경씨의 믿음은 참이어야 해요. 그리고 전경씨의 믿음을 참으로 만드는 사태가 그 믿음의 **원인**이 되어야 해요.

결과적으로 복수는 정당화에 관해 전경이 말한 세번째 조건을 인과에 관한 조건으로 바꿨습니다. 이 세번째 조건은 어떻게 만족될 수 있을까요?

나나가 앞의 책상 위에 사과 하나가 있다고 믿으려 한다고 상상해봅시다. 그것을 믿는 가장 쉬운 방법은 책상 위에 사과 하나를 두는 것이죠. 나나가 눈을 뜨고 있고 눈에 빛이 들어가면, 책상 위의 사과는 나나가 사과 하나가 앞에 있다는 믿음을 가지도록 할 것입니다. 빛이 사과표면에 반사되어 나나의 눈으로 들어갑니다. 이 빛은 망막에 초점이 맞춰져 이미지를 만들어내고 전기적 신호를 야기하며, 이 신호는 신경을 타고 두뇌에 전달되고, 마침내 나나의 두뇌에서는 저기에 사과가 있다는 믿음을 야기하는 거죠.

만약 모든 일이 차질 없이 진행되고 책상 위의 사과 하나가, 실제로 사과 하나가 앞에 있다는 나나의 믿음을 야기한다면, 나나는 사과 하나가 앞에 있다는 것을 **아는** 것이 아닐까요?

인과적 이론에 따르면, 나나는 압니다. 사과 하나가 앞에 있다는 나나의 믿음은 저기 있는 사과 하나에 의해 야기됩니다. 즉 믿음은 그것을 참으로 만드는 사태에 의해 야기되는 거죠.

나나가 사과 하나가 앞에 있다는 걸 알기 위하여, 이 믿음에 대한 어떤 **정당화**가 있어야만 할까요? 전혀 아니에요! 인과적 이론에 따르면, 정당화는 필요없어요.

사람은 온도계와 같을까?

인과적 이론에 따라, 우리가 어떻게 주변세계에 대한 지식을 얻는지에 대해 좀더 자세히 알아보죠.

사과 하나가 앞에 있다는 나나의 믿음은 특정한 지각적 기제, 즉 그의 눈을 통해 야기됩니다. 그런데 눈만 그런 건 아니에요. 우리는 시각·청각·후각·촉각·미각, 즉 오감을 가지고 있어요. 오감은 참인 믿음을 만들어내기 위한 상당히 신빙성 있는 기제들이죠(물론 이 감각들이 때때로 우리를 잘못된 곳으로 인도하기도 하지만, 그런 경우는 그리 흔하지 않지요).

인과적 이론에 따르면, 오감이 우리에게 지식을 줄 수 있는 까닭은, 오감이 참인 믿음을 생산하기 위한 꽤나 신빙성 있는 기제들이기 때문이에요. 우리의 감각은 마치 온도계가 움직이는 방식과 유사하게 우리가 움직이도록 만들어요. 온도계는 온도에 대한 신빙성 있는 지표죠. 온도계를 뜨거운 액체에 담가보세요. 온도계의 눈금은 그 액체가 뜨겁다는 걸 알려줄 겁니다. 이번에는 차가운 액체에 담가보세요. 눈금은 액체가 차갑다는 걸 알려줄 겁니다. 온도계의 눈금은 온도계가 담겨진 액체의 온도를 신빙성 있게 반영하지요.

나의 감각은 이처럼 신빙성 있는 온도계와 매우 유사한 방식으로 내가 작동하도록 합니다. 자동차가 창밖을 지나가게 해보세요.

그러면 내 귀는 자동차가 창밖을 지나가고 있다는 믿음을 가지도록 야기합니다. 지나가던 차를 멈추게 해보세요. 그러면 나는 자동차가 지나가고 있다는 믿음을 가지지 않을 겁니다. 초콜릿과자를 입에 넣어보세요. 그러면 그것은 내가 초콜릿과자를 씹고 있다는 믿음을 가지도록 야기할 겁니다. 그 과자를 빼보세요. 그러면 나는 초콜릿과자가 사라졌다는 믿음을 가지게 될 겁니다.

인과적 이론에 따르면, 사람들은 주변세계에 대해 어떻게 알게 될까요? 사람들이 감각을 통해 주변세계와 인과적으로 연결되어 있기 때문이에요. 그리고 특히 그들의 믿음은, 세계의 '저기 밖에' 있는 사물들이 어떤 상태에 있는지에 대해 민감하게 반응하도록 연결되어 있기 때문이죠.

공룡에 대한 지식

우리 앞에 있는 것에 대해서만이 아니라, 먼 과거에 일어났던 일에 대해서 어떻게 알 수 있을까요? 예컨대 수백만년 전 지구상에 공룡이 어슬렁거렸다는 믿음을 생각해봅시다. 인과적 이론에 따르면, 왜 이 믿음이 지식으로 간주될 수 있을까요? 나는 과거를 관찰할 수 없는데 말이에요.

인과적 이론가들은 여전히 인과적 연결이 존재한다는 걸 지적할 겁니다. 수백만년 전 지구상에 공룡이 어슬렁거렸다는 믿음은 수백만년 전 지구상에 공룡이 어슬렁거리고 있었다는 사실로 인해 야기됩니다. 그러나 이 경우 인과적 연결은 매우 간접적이에요. '공룡이 화석이 된다. 고고학자들이 이 공룡의 화석을 발견한다. 고고학자들은 그들이 발견한 것을 잡지와 책에 쓴다. 텔레비전 프로그램제 작자들이 잡지와 책을 읽고 프로그램을 만든다. 제작된 프로그램이 텔레비전에서 방송된다. 나는 그 프로그램을 시청한다. 그리하여 마침내 지구상에 공룡이 어슬렁거렸다는 믿음이 야기된다.' 따라서 비록 **공룡이 실제로 지구상에서 어슬렁거렸기 때문에** 내가 그 믿음을 가지게 되었지만, 내 믿음과 이 믿음을 참으로 만드는 사태를 연결하는 인과적 연쇄는 사실 아주 길게 이어져 있어요. 물론 이것은 인과적 이론이 허용할 수 있는 것이지요.

후퇴문제에 대한 해결책

인과적 이론에 따르면, 사과 하나가 앞에 있다는 나나의 믿음이 지식의 자격을 얻기 위해서는, 그의 믿음을 참으로 만드는 사태를 통해 믿음이 야기되어야 한다는 점이 필요할 뿐이에요. 나나는 자신의 믿음에 대해 어떤 **정당화**도 할 필요가 없어요. 이제 우리는 지식이 되기 위한 필요조건으로서, 믿음이 정당화되어야 한다는 요구에서 벗어날 수 있습니다. 이것은 지식에 대한 **플라톤의 정의를 괴롭혔**던 정당화의 후퇴문제를 피할 수 있게 됨을 의미합니다.

심령술사 사라의 사례

우리는 플라톤의 '정당화된 참인 믿음' 이론과는 달리, 인과적 이론은 정당화의 후퇴문제를 피할 수 있다는 점을 살펴보았어요. 그렇다면 우리는 인과적 이론을 채택해야 할까요?

아니에요. 불행하게도 인과적 이론도 문제점를 가지고 있어요. 전경은 아직까지 지식을 정의하는 문제에 있어서 정당화가 반드시 중요한 역할을 해야만 한다고 확신하고 있어요. 전경은 다음과 같은 사고실험을 통해 그 이유를 설명하고자 합니다.

전경⌐ 복수씨는 어떤 사람의 믿음이 지식이 되기 위해서는, 그 믿음을 참으로 만드는 사태에 의해 믿음이 야기되기만 하면 된다고 주장하고 있어요. 하지만 복수씨의 주장은 틀렸어요.
복수⌐ 왜요?
전경⌐ 어떤 사람이 그런 믿음을 가지지만 여전히 알지 못할 수도 있기 때문이죠.
복수⌐ 그 예를 하나만 들어보세요.

**뚝 딱 뚝 딱
생각의 도구**

**빨간 포르셰
사례의 해결**

    인과적 이론은 앞서 소개한 게티어식의 두 가지 사례에 대해서도 분명하게 설명해줍니다. 예를 들어 빨간 포르셰의 사례를 살펴보죠. 쎄바스찬이 학교에 있다는 믿음이 정당화되고 그 믿음이 참이긴 하지만, 그럼에도 불구하고 나는 쎄바스찬이 학교에 있다는 점을 아는 건 아니에요. 그 이유는, 인과적 이론에 따르면, 나의 믿음을 참으로 만드는 사태에 의해 그 믿음이 야기된 것이 아니기 때문이에요. 즉 나는 쎄바스찬이 학교에 있기 때문에 쎄바스찬이 학교에 있다는 믿음을 가지게 된 게 아니에요. 나는 쎄바스찬이 학교에 오지 않았다고 해도 여전히 쎄바스찬이 학교에 있다고 믿을 겁니다. 빨간 포르셰를 보았기 때문이죠. 게티어의 문제는 이렇게 해결됩니다.

전경 ― 좋아요. 사라라는 이름을 가진 어떤 여자 심령술사를 상상해보세요. 사라는 실제로 심령적 능력을 가지고 있어요. 예컨대, 참인 믿음을 생산하는 심령적 기제가 존재하고, 이 심령적 기제는 언젠가는 작동원리가 발견될 수 있다고 생각해보세요. 복수씨가 좋다면 이것을 '육감'이라고 부르죠. 사라는 우연하게도 이 육감을 가지고 태어났어요.

복수 ― 알겠어요.

전경 ― 저는 이 기제가 초자연적이라고 가정하는 게 아니에요. 그것은 시각이나 정각처럼 완전히 자연적이고, 인과적 기제일 수 있어요. 다만 아직까지 우리가 알지 못하는 기제일 뿐이에요.

복수 ― 그럼 사라가 그런 심령적 능력을 가지고 있다는 말이죠?

전경 ― 예. 이제 사라는 그녀의 어머니가 오늘 마을에 있다고 믿어요. 그녀가 이렇게 믿게 된 까닭은 심령적 능력이 작동하고 있기 때문이죠. 그녀의 어머니는 실제로 오늘 마을에 있어요. 그녀의 어머니는 아주 멀리 떨어진 곳에서 살고 있어요. 하지만 오늘은 사라를 놀라게 해줄 생각으로 깜짝방문을 결심한 거죠. 이제 복수씨의 인과적 이론에 따르면, 사라는 그녀의 어머니가 오늘 마을에 있다는 점을 알고 있어요. 제 말이 맞나요?

복수 ― 예, 그래요. 만약 사라의 믿음이 심령적 기제를 통해 그것을 참으로 만드는 사태에 의해 야기되었다면, 그녀는 아는 게 분명하죠.

전경 ― 정확하게 이해하고 있군요. 사라가 **알고 있지 않다**는 점만 제외하고 말이에요. 사라는 자신이 심령술사라고 생각할 만한 어떤 이유도 갖고 있지 않아요. 사실, 사라는 심령적 능력 같은 것들은 존재하지 않는다고 생각하며, 그 생각을 뒷받침할 만한 꽤 좋은 증거를 가지고 있어요. 그리고 사라는 어머니가 마을에 있다고 믿을 만한 아무런 근거도 가지고 있지 않아요. 그녀의 어머니는 아주 멀리 떨어진 곳에서 살고 있으니까요.

복수 ― 그게 무슨 관계가 있죠? 사라는 그녀의 어머니가 마을에 있다는 점을 여전히 **알고** 있어요. 또한, 사라는 심령술사예요. 자신이 심령술사라는 점을 알고 있든 그렇지 않든 간에 여전히 심령술사예요.

전경 ― 사라는 그녀의 어머니가 마을에 있다는 사실을 알고 있지 않아요. 사라의 관점에서 볼 때, 그녀의 믿음은 매우 어리석고 비합

155
●
지식이란 무엇일까?

리적이죠. 사라는 그녀의 어머니가 마을에 있다는 믿음을 가질 만한 어떤 근거도 없어요. 그녀는 심지어 자신이 심령술사라는 점도 믿지 않아요. 사라는 그저 자신도 어찌할 수 없는 믿음이 자신에게서 떠나지 않고 있다는 점만 발견할 뿐이죠. 사라의 관점에서 볼 때, 어머니가 마을에 있다는 믿음이 마음속에서 **미친 듯이** 울려대고 있다면, 사라가 안다고 어떻게 말할 수 있겠어요?

복수 ─ 그렇지만 사라는 알고 있어요!

전경 ─ 아니오. 사라는 알고 있지 않아요!▲

▲ 이 예는 로렌스 봉주르 (Laurence Bonjour)가 제시한 유명한 예에서 따온 것입니다. Laurence, Bonjour, "Externalist Theories of Empirical Knowledge," *Midwest Studies in Philosophy* Vol. 5, 1980.

과연 사라는 아는 건가요? 인과적 이론에 따르면, 사라는 아는 겁니다. 사라의 심령적 기제가 참인 믿음을 산출했기 때문이죠. 그녀는 마치 온도계가 작동하는 방식처럼 작동하고 있어요.

믿는 사람의 관점에서 볼 때, 완전히 비합리적 믿음임에도 불구하고 지식으로 간주될 수 있을까요? 만약 그렇다고 한다면, 대부분의 사람들은 최대한 양보한다고 해도 상당히 불편한 심정을 느낄 겁니다.

물론, 인과적 이론에 믿음이 정당화되어야 한다는 조건을 추가함으로써, 심령술사 사라의 사례에서 나타나는 문제를 아주 손쉽게 처리해버릴 수도 있어요. 그렇게 되면 사라가 안다는 점은 부인되는 거죠. 왜냐하면, 사라에게는 자기의 믿음이 정당화되지 않기 때문이에요.

그런데 지식이 되기 위해서 믿음이 정당화되어야만 한다는 주장에는 또다른 어려움이 있습니다. 바로 정당화의 후퇴문제죠. 요컨대 그런 주장은 우리가 지식을 가질 수 있는 가능성을 부정하는 것 같아요.

따라서 우리는 한 퍼즐과 마주하고 있어요. 우리는 정당화의 후퇴문제를 피할 필요가 있어요. 그런데 우리가 이 문제를 피할 수 있는 유일한 방법은, 지식이 되기 위해서 믿음이 정당화되어야만 한다는 요구를 배제하는 것입니다. 그런데 이 요구를 배제한다면, 우리는 사라의 사례에서 나타나는 문제에 봉착하게 돼요. 즉 완전히 비합리적인 믿음도 지식으로 간주된다는 말입니다.

말하자면, 우리는 동시에 두 가지 다른 방향으로 가려 하고 있어요. 한편으로는 지식을 위해서는 정당화가 반드시 **요구되어야만** 할 것 같고, 다른 한편으로는 지식을 위해서는 정당화가 **요구될 수 없는** 것 같지요.

우리는 어떻게 이 퍼즐을 풀어야 할까요? 여러분도 나름대로 생각해보세요.

생각 넓히기

● 이 글에서 우리는 철학자들이 지식을 위한 **필요조건**과 **충분조건**이라고 부르는 것을 분명하게 찾기 위해 노력했어요. '필요조건과 충분조건'에 대한 설명과 이와 관련된 다른 예는 제1권의 9장을 참고하세요.

제 8 장

도덕은 안경과 같을까?

08

우리는 어떤 것들을 도덕적 가치를 가지는 것, 즉 옳거나 그른 것으로 봅니다. 사람의 행동 같은 것들이 그렇죠. 많은 철학자들에 따르면, 도덕적 가치는 그 행동에 내재적인 것은 아니에요. 오히려 이것은 우리의 경험, 즉 우리가 관찰한 것에 대해 정서적으로 어떻게 반응하는지에서 유래하지요. 마치 도덕의 안경을 끼고 세계를 살펴보는 것과 같아요. 우리가 객관적으로 '저기 밖에' 있는 세계의 일부라고 생각하는 가치는, 실제로는 우리가 그것을 바라볼 때 사용하는 정서적 안경에 의해 덧붙여진 겁니다. 이 안경을 벗을 수 있다면, 우리는 세계 '그 자체'가 실제로는 아무런 가치 없이 존재한다는 점을 알게 될 겁니다.

이런 견해를 **도덕에 관한 안경모형**(spectacles model of morality)이라고 부르죠. 많은 철학자들, 특히 데이비드 흄(David Hume, 1711~76)이 이런 형태의 이론에 기울어져 있어요. 다른 철학자들은 반대견해를 가졌어요. 예컨대, 도둑질이 옳지 않다는 것은 도둑질의 객관적인 속성이며, 도둑질에 대한 우리의 견해가 **어떠하든지** 간에 관계없이 그 행동에 항상 따라붙는 속성이란 거죠. 두 이론 중 옳은 것이 있다면, 과연 어느 것이 옳을까요?

우리는 옳지 않음을 어떻게 탐지할 수 있을까?

도덕적 가치는 **객관적**이다, 즉 도덕적 가치는 '저기 밖에' 있다고 보는 견해를 좀더 자세히 살펴봅시다. 이 견해는 **도덕적 실재론** (moral realism)으로 알려져 있어요. 앞으로 나오겠지만, 도덕적 실재론은 악명 높은 문제에 부딪힙니다. 도덕적 실재론은 옳고 그름에 대해 알 수 없게 만들어요. 우리가 도덕적 속성을 어떻게 **탐지**(探知)하는지를 설명하는 것이 불가능한 것처럼 보이기 때문이에요. 다음 이야기를 본다면, 그 이유를 잘 이해할 수 있을 겁니다.

어느날 아침, 은실이 빨래를 말리려고 마당에 나오는데, 외계인이 탄 우주선이 마당에 착륙합니다. 외계인들은 은실에게 우주선을 타고 시내를 한바퀴 돌며 구경하자고 제안하지요. 은실은 그 제안을 흔쾌히 받아들입니다. 은실과 외계인들은 곧 우주선을 타고 하늘로 올라갑니다. 외계인들은 우주선을 보이지 않게 만들었지요. 그래서 거리에 있는 사람들은 우주선이 있는지를 전혀 눈치채지 못합니다.

은실과 외계인들이 으슥한 뒷골목을 지나가고 있을 때, 은실은 한 젊은이가 어떤 여자의 지갑을 훔치려는 것을 봅니다. 은실은 외계인에게 저것 좀 보라며 창밖을 가리킵니다. "저기요! 저 여자를 도와야 해요. 저 남자가 하는 짓은 **옳지 않아요!**"라고 은실은 소리쳤어요.

외계인들은 어리둥절해하는 표정을 지었지요.

"아. 옳지 않다! 우리는 지구인들이 도덕적으로 '옳지 않다'고 하는 것을 이해하기가 참 어렵습니다. 지구인들의 언어 대부분을 우리는 잘 이해합니다. 그러나 이 '옳지 않음'이라는 속성은 여전히

도덕은 안경과 같을까?

신비스러울 뿐입니다. 그 속성의 흔적조차 찾을 수 없습니다. 우리는 세계에 대한 완벽한 이론을 원합니다. 우리는 아무것도 놓치고 싶지 않습니다. 제발 우리에게 '옳지 않음'을 가르쳐주십시오."

은실은 당황합니다. 그녀는 창밖을 가리키며, "저 남자가 하는 일이 옳지 않다는 것을 볼 수 없단 말인가요?"라고 말합니다.

외계인들은 창밖을 유심히 살펴본 후 다시 은실을 보며 이야기합니다.

"글쎄요. 저희 눈에는 도저히 안 보입니다. 사실, '옳지 않은 것을 본다'라는 당신의 말은 매우 이상합니다. 우리 역시 당신처럼 시각·청각·후각·미각·촉각, 즉 오감을 가지고 있습니다. 그러나 당신이 옳지 않음이라고 부르는 그 속성을 도저히 찾을 수가 없습니다. 그것은 어디에 있습니까? 당신은 오감 중 어느 것으로 그것을 탐지합니까? 그것을 볼 수 있다는 겁니까?"

은실은 외계인들이 혼란스러워하는 이유를 이해하기 시작합니다. 요컨대, 우리의 오감은 주위세계를 향한 우리의 유일한 창인 것 같아요. 만약 '옳지 않음'이 객관적 속성이라면, 즉 '옳지 않음'이 '저기 밖에' 있는 세계의 일부라면, 우리는 어떻게 그것을 알 수 있을까요? 우리는 '옳지 않음'을 어떻게 탐지할까요?

은실은 어디서 혼동이 생기는지를 알아냈다고 생각합니다.

어떤 것이 옳지 않다고 추론하기

은실은 말합니다. "아, 이제 당신들의 문제를 알겠어요. '옳지 않음'은 당신들이 **직접 관찰**할 수 있는 속성이 아니에요. 그렇다고 해도 그것이 존재한다는 걸 입증하는 데 어떤 문제가 있는 건 아니지요. 요컨대, 자기(磁氣)가 그래요. 우리는 자기를 볼 수도, 들을 수도, 만질 수도, 맛볼 수도, 그리고 냄새 맡을 수도 없어요. 그렇죠?"

"예, 그렇습니다."

"그러나 우리는 자기가 존재한다는 걸 알고 있어요. 왜냐하면 우리가 **직접 관찰할 수 있는 것**에서 자기의 존재를 정당하게 **추론할 수** 있기 때문이에요. 쇳조각을 끌어당기는 효과 같은 것을 그 예로 들수 있겠네요."

외계인들도 무엇인가를 이해하기 시작한 것 같네요. "즉 당신이 **관찰할 수 있는** 도둑질의 특성에서 도둑질의 '옳지 않음'을 **추론할 수** 있다는 말씀이시군요."

"정확히 이해하셨어요."

'~임' 그리고 '~해야 함'(또는 사실과 당위)

외계인들이 여전히 이해하기 어려워하는 것을 보고 은실은 적잖게 놀랍니다.

"은실씨! 당신은 착각을 하고 있습니다. 당신이 말하는 추론은 정당한 추론이 아닙니다."

"왜요?" 은실이 묻습니다.

"어떤 것이 옳지 않다고 말하는 것은 우리가 그것을 해서는 안된다고 말하는 것입니다. 동의하십니까?"

은실은 동의의 표시로 고개를 끄덕입니다.

"그런데, 해야 하는 것 또는 해서는 안되는 것은 실제로 일어나는 사실과는 그 종류가 완전히 달라요."

은실은 잘 이해가 되지 않아요. "글쎄요. 잘 모르겠어요."

"좋아요. 어떤 일이 일어나서는 안된다고 말하는 것은, 일어나고 있는 일에 대해서 말하는 것이 아닙니다. 예를 들어, 이 남자가 지갑을 훔쳐서는 안된다고 말하는 것은, 이 남자가 지갑을 훔치고 있다거나 훔치고 있지 않다고 말하는 것은 아닙니다. 자, 이제 이해하시겠습니까?"

은실은 고개를 끄덕입니다.

"거꾸로, 어떤 일이 사실이라고 말하는 것은, 그것이 일어나야만 한다거나 일어나서는 안된다고 말하는 것은 아닙니다."

은실은 그다지 확신이 서지는 않습니다. "그런데, 도둑질이 다른 사람의 고통을 유발하고 다른 사람을 불행하게 만든다는 '사실(~임)'은 어떤가요? 이 사실은 우리에게 도둑질을 하지 말라는 합리적인 논거를 제시하는 게 아닌가요?"

외계인들은 녹색머리를 흔듭니다. "전혀 그렇지 않습니다. 자, 보십시오. 어떤 사람이 다른 사람에게 고통을 주고 다른 사람을 불행하게 만드는 것에 기쁨을 느낀다고 가정해보세요. 그는 자신이 그러한 행동을 해야만 한다고 실제로 생각합니다. 당신이 그 사람에게 도둑질은 다른 사람의 고통과 불행을 야기한다는 점을 지적해봐야 아무 소용이 없습니다. 그 사람은 오히려 기분 좋게 당신의 이야기에 동의할 것입니다. 그 사람은 자기는 도둑질을 해야만 한다는 점에서만 당신과 의견을 달리할 것입니다."

"알겠어요." 은실이 대답합니다.

외계인들이 계속 이야기하네요. "자, 이 잔인한 사람의 입장에는 조금도 **비합리적**인 것은 없습니다. 그렇지 않습니까? 당신은 그 입장을 비도덕적이라고 생각할 수도 있습니다. 당신의 주장은 고통을 야기하는 것을 **해서는 안된다**는 것입니다. 이 잔인한 사람의 주장은 고통을 야기하는 것을 **해야만 한다**는 것입니다. 그런데 당신은 '사실(~임)' 중에서, 당신의 주장이 이 잔인한 사람의 주장보다 더 많은 지지를 받을 만한 근거를 아무것도 말할 수 없습니다. 당신은 단순히 '사실(~임)'을 지적하고 있습니다. 그것으로는 당신이 옳고 그 사람이 옳지 않다고 주장할 만한 그 어떤 근거도 제시할 수가 없습니다."

"음, 그렇겠군요."

"이제 아시겠습니까? 당신은 '붉음'과 같은 것들은 직접적으로 관찰할 수 있습니다. 그렇지만 '옳지 않음'을 **직접적으로** 관찰할 수는 없습니다."

"저는 벌써 그 점에는 동의했어요." 은실이 대답합니다.

"그리고 당신은 당신이 직접 관찰할 수 있는 것에서 도둑질의 '옳지 않음'을 **추론할** 수도 없습니다."

은실은 동의할 수밖에 없습니다. "좋아요. 당신들이 옳아요. 그러한 추론을 하기 위해서는 '~임(사실)'에서 '~해야 함(당위)'을 도출해야 하는데, 그것은 정당한 도출이라고 할 수 없다는 말씀이시죠?"

"맞습니다." 외계인이 대답합니다. "이제 당신도 인정하신 것처럼 '~임(사실)'은 도덕적으로 중립적입니다."

은실은 당황하는 표정이 역력합니다.

"저는 그것이 상당히 신비스럽다는 점을 인정해야겠네요."

"그렇게만 말씀하시니 유감입니다." 외계인들은 다소 못마땅하다는 표정을 지어 보입니다.

퍼즐

외계인들은, 은실이 우주선의 창 너머 저기 밖에 있다고 생각하는 속성('옳지 않음')을 이해할 수 없다고 요약합니다. "그렇다면 당신은 그 이상한 속성의 존재를 어떻게 입증할 수 있습니까? 당신은 그것을 직접적으로 볼 수도, 냄새 맡을 수도, 만질 수도, 맛볼 수도, 들을 수도 없습니다. 그리고 당신은 관찰할 수 있는 것에서 그 속성의 존재를 추론할 수도 없습니다. 자기(磁氣)의 경우와는 사정이 완전히 다릅니다. 그런데도 당신은 그 속성이 저기에 존재한다는 점을 알 수 있다고 말하고 있습니다."

외계인들은 창밖을 보면서 눈살을 찌푸립니다. "그렇다면 당신네 지구인들은 이 '옳지 않음'을 어떻게 **탐지합니까**? 그것이 실제로 저기 밖에 있다면, 우리에게 그것을 지적해 주십시오."

은실은 머리를 긁적거리면서 여자의 지갑을 훔치려 하는 남자를 뚫어져라 쳐다봅니다. "솔직히 말씀드리자면, 저도 잘 모르겠어요. 저는 그것이 저기 밖에 있는 것처럼 느껴져요. 저는 저 사람이 하는 일은 '옳지 않다'는 속성을 가지고 있다고 확실하게 느껴요. 그러나 제가 어떻게 그 속성을 탐지하는지는 저도 잘 모르겠어요."

외계인들이 옳은 것 같네요. 우리는 '옳지 않음'을 직접 관찰할 수 없어요. 그리고 관찰할 수 있는 것에서 그 속성이 존재한다는 걸 정당하게 추론할 수도 없어요. 그렇다면 외계인들이 찾고 있는 속성이 실제로 우주선의 창 너머 저기 밖에 있는 것이라면, 은실은 어떻게 그것을 **탐지할까요?**

흄의 해결책

도덕적 가치는 관찰자에 의해 덧붙여진 것이라고 말하는 안경모형은, 외계인들이 찾고 있는 것을 왜 찾을 수 없는지에 대한 만족스러운 설명을 제공합니다. 안경모형에 따르면, 은실이 우주선의 창 너머에 있는 저 남자가 하고 있는 일이 '옳지 않다'고 묘사할 때, 은실은 자신이 보는 것에 대해 어떻게 느끼고 있는지를 묘사하거나 표현하고 있을 뿐이에요. 이렇게 본다면 외계인들은 엉뚱한 곳을 조사하고 있었던 거지요. '옳지 않음'을 찾기 위해서, 외계인들은 방향을 돌려 **은실을 살펴볼 필요가 있어요.**

이것은 18세기의 철학자 데이비드 흄의 견해입니다(사실, 외계인들은 은실에게 본질적으로 흄의 논증을 제시하고 있어요). 흄이 지적하는 것처럼, 도덕적 실재론자들의 주된 어려움은 객관적인 도덕적 속성에

헹! 저기 밖이 아니라 당신 안경에 써어 있군!

관한 지식을 어떻게 획득하는지를 설명하는 문제예요. 도덕성이 실제로 저기 밖에 있다면, 우리는 그것에 대해 알게 되지 못했을 겁니다. 흄은 도덕적 속성이 우리 자신(우리의 정서)에게서 유래한다고 주장합니다.

사악하다고 인정되는 어떤 행동을 생각해보자. 고의적인 살인을 예로 들어보자. 모든 관점에서 이 행동을 살펴보라. 그리고 당신이 악덕(vice)이라고 부르는, 사실의 문제 내지 현실적인 존재를 찾을 수 있는지 살펴보라. (…) 당신은 결코 그것을 찾을 수 없다. 당신이 방향을 바꿔 당신 자신의 마음에 대해 반성하고, '시인하지 않음'(disapprobation)●의 감정이 당신 안에서 일어나서 그 행동을 향하고 있다는 점을 발견하고 나서야 비로소 그것을 찾을 수 있을 것이다.▲

● 흄 연구자들이나 윤리학자들은 '불시인(不是認)'으로 번역하기도 합니다. 좀더 친숙한 말인 '거리낌'이나 '거부감' 등으로 이해하면 됩니다.
▲ Hume, David, *Treatise on Human Nature* (1740), Book III, Part I, Section I.

흄의 견해에 따르면, '악덕'은 관찰자가 덧붙인 것입니다.

무어와 '직관'

무어(G.E. Moore, 1873~1958)는 도덕적 실재론자입니다. 그는 흄이 제기한 실재론의 난점을 알아차리고 다음과 같은 해결책을 제안하지요. 우리의 오감은 외부세계에 대한 우리의 유일한 창이에요. 우리는 일상적인 관찰만으로는 어떤 행동이 비도덕적이라는 점을 인지하지 못합니다. 그러나 우리는 여섯번째 감각을 가지고 있어요. 무어는 이것을 '직관'이라고 불렀지요. 그에 따르면, 이 '식관'

으로 우리는 외적인 도덕적 속성을 식별해낼 수 있어요. 레이더장 치를 이용해서 숨겨진 배와 비행기를 탐지해낼 수 있는 것처럼, 우리는 '직관'이라는 능력을 이용해서 오감으로는 탐지해낼 수 없는 도덕적 속성을 탐지해낼 수 있어요.

외계인들이 '옳지 않음'을 탐지할 수 없는 이유는, 그들이 은실과는 달리 여섯번째 감각을 가지고 있지 않기 때문이에요.

그렇다면 무어는 우리가 어떻게 도덕적 지식을 획득하는가 하는 문제를 해결했을까요? 그렇지 않아요. 왜냐하면 '직관'이라는 능력이 어떻게 작동하는가 하는 점이 여전히 신비스러운 것으로 남아 있기 때문이죠. 무어는 어떤 하나의 신비를, 그에 못지않게 이해하기 어려운 또다른 신비를 도입함으로써 해결하려 하고 있어요. 따라서 도덕적 실재론에 대한 흄의 반론은 여전히 건재하죠. 그렇다면 안경모형만이 유일하게 도덕적 지식에 대해 설명할 수 있는 것 같네요.

안경모형의 세 가지 형태

도덕에 관한 안경모형은, 외계인들이 왜 '옳지 않음'을 찾을 수 없는지를 잘 설명해준다는 점을 살펴보았어요. 그렇다면 우리는 안경모형을 채택해야만 할까요?

사실, 안경모형에는 우리가 택할 수 있는 몇가지 형태의 이론들이 있어요. 세 가지만 대략 살펴보죠.

● 주관주의(Subjectivism) 이것은 안경모형의 가장 간단한 이론이

에요. 주관주의에 따르면, 어떤 것이 옳지 않다고 말하는 것은, **당신이 개인적으로** 그것을 시인하지 않는다고 주장하는 겁니다. 이와 비슷한 논리로, 어떤 것이 옳다고 말하는 것은, 당신이 그것을 시인한다고 주장하는 것이지요.

● **상호주관주의**(Intersubjectivism) 상호주관주의에 따르면, 어떤 것이 옳지 않다고 말하는 것은, **당신의 공동체**가 그것을 시인하지 않는다고 주장하는 겁니다. 이와 유사하게 어떤 것이 옳다고 말하는 것은, 당신의 공동체가 그것을 시인한다고 주장하는 것이지요.

두 이론에서, 도덕적 판단을 한다는 것은 곧 **주장**을 하는 것이라는 점에 주목하세요. 그 주장이 만약 참이라면, **사실**에 의해 참이됩니다. 단, 그 주장을 참으로 만드는 사실은 우리와 '독립적으로' 저기 밖에 존재하는 게 아닙니다. 그 사실은 **우리 자신**에 관한 사실이죠.

안경모형의 모든 이론들이 도덕적 이야기가 사실을 진술한다고 주장하지는 않아요. 안경모형의 세번째 이론을 살펴봅시다.

● **정의주의**(情意主意, Emotivism) 정의주의에 따르면, 어떤 것이 옳지 않다고 말하는 것은 어떤 **주장**을 하는 것이 전혀 아니에요. 오히려, 그것은 어떤 것을 시인하지 않는다는 **표현**을 하는 것이죠. 마찬가지로 어떤 것이 옳다고 말하는 것은 그것을 시인한다는 표현이에요. 내가 축구 국가대항전을 구경하러 갔다고 해봅시다. 우리나라 대표팀이 득점을 했어요. 그래서 나는 "대~한민국!"이라고 외칩니다. 내가 이렇게 말하면서 어떤 주상을 하고

있는 건가요? 전혀 아닙니다. "대~한민국!"은 어떤 주장을 하는 것이 아니지요. 그것은 참도 거짓도 아니에요. 나는 내가 어떻게 느끼고 있는지에 대해서 어떤 주장을 하는 것이 아니라 내가 어떻게 느끼는지를 **표현하고 있다**는 점에 주목하세요. 정의주의에 따르면, "살인은 옳지 않다"라고 내가 말할 때, 나는 살인에 대해 내가 어떻게 느끼는지를 표현하고 있어요. 요컨대, 살인은 옳지 않다고 말하는 것은 "살인, 우~"라고 하는 것과 같아요. 따라서 "살인은 옳지 않다"라고 말하는 것은 **참도 거짓도 아니에요**. 이것은 물론 "살인, 우~"라고 하는 것이 참도 거짓도 아니기 때문이죠. 그렇다면 "살인은 옳지 않다"를 참으로 만들기 위해서는 어떤 **사실도 필요하지 않아요**. 대표적인 정의주의 철학자로는 에이어(A. J. Ayer, 1910~89)와 스티븐슨(C. L. Stevenson, 1908~79)이 있어요.

이 모든 이론들은 안경모형의 형태를 띠고 있어요. 왜냐하면 세 이론 모두 도덕적 가치는 객관적 실재의 특성이 아니라, 우리의 주관적 반응에 토대를 둔다고 보기 때문이죠. 도덕은 어떤 행동에 대해서 우리가 개인적으로 또는 집단적으로 어떻게 **느끼는가**에 그 뿌리를 두고 있어요. 우리는 개인적으로 또는 집단적으로 가지고 있는 느낌으로 도덕적 가치를 **창조합니다**.

외계인들은 왜 '옳지 않음'을 찾을 수 없을까?

세 이론은 모두 외계인들이 왜 '옳지 않음'을 찾을 수 없는지를 설명합니다. 물론 설명방식은 약간씩 다르지요.

주관주의에 따르면, 은실이 "도둑질은 옳지 않다"라고 말할 때, 은실은 마침 개인적으로 도둑질을 시인하지 않는다고 말하고 있다는 겁니다. 은실의 판단이 참이 되게 하는 사실을 찾기 위해서는, 외계인들은 방향을 바꾸어 은실을 살펴볼 필요가 있지요.

상호주관주의에 따르면, 은실이 "도둑질은 옳지 않다"라고 말할 때, 은실의 공동체가 도둑질을 시인하지 않는다고 말하고 있다는 겁니다. 따라서 은실이 말하는 것이 참인지를 알아보기 위해서, 외계인들은 그 도둑의 행동을 검토하는 것을 멈추고, 은실과 은실의 공동체성원들이 도둑질에 대해 어떻게 느끼는지를 조사할 필요가 있어요.

정의주의에 따르면, 은실은 어떤 주장도 하고 있지 않아요. 그리고 그녀가 말한 것을 참으로 만들기 위해서 그 어떤 사실도 필요하지 않지요. 도둑질을 옳지 않은 것으로 만드는 '사실'은 결코 존재하지 않는답니다. 따라서 외계인들이 이런 '사실'을 추적하는 것은 허깨비를 쫓는 것과 마찬가지죠.

안경모형은 우리가 어떻게 도덕적 지식을 획득하는가 하는 문제를 피해갑니다. 도덕에 대해 하는 말 중에는 안경모형이 제대로 다루지 못하는 특징이 존재해요. 아무리 정교한 형태의 안경모형의 이론들도 도덕적 실수가 일어날 가능성을 배제해버려요. 그런데 우리가 현실에서 도덕적 실수를 할 수 있다는 것은 분명한 사실이죠.

예를 들어, 주관주의에 대해 생각해봅시다. 주관주의에 따르면, 내가 "살인은 옳지 않다"라고 말할 때, 나는 개인적으로 살인을 시인하지 않는다고 주장하고 있어요. 그렇다면 나는 무엇이 옳지 않은지에 대해 실수할 가능성이 전혀 없지요(불본 내 느낌에 대해 둔감함으로써 실수할 수도 있긴 하지만, 이 가능성은 제외하죠). 만약 내가 살인이 옳지 않다고 느낀다면, 그것은 살인을 옳지 않은 것으로 **만들어요**(적어도 내게는 그래요). 만약 연쇄살인범 마군이가 살인은 옳다고 느낀다면, 마군이도 역시 옳지요. 왜냐하면 마군이에게는 살인이 **옳기** 때문이에요. 주관주의에 따르면, 우리는 모두 옳아요.

그러나 이건 분명히 불합리하지 않나요? 개인이 무엇이 옳고 무엇이 옳지 않은지에 관해 잘못된 생각을 **할 수 있다**는 건 분명해요. '옳음'과 '옳지 않음'이라는 도덕적 어휘들을 사용하면서, 우리는 모종의 객관적 속성들을 지칭하고 있다고 생각합니다. 우리는 그 속성들이 우리가 무슨 생각을 하는가와는 전혀 무관하게 '어쨌든 거기에' 있는 속성이라고 생각하죠. 그렇다면 우리가 어떤 것이 옳지 않다고 느낀다는 단순한 사실이, 우리가 잘못된 생각을 하지 않는다는 점을 결코 보증하는 건 아니에요.

상호주관주의도 모종의 실수 가능성을 배제해요. 상호주관주의에 따르면, 내가 "살인은 옳지 않다"라고 한다면, 내가 속한 공동체가 집단적으로 살인이 옳지 않다고 느낄 때 내 말은 참이에요. 그것은 **내가** 실수할 가능성을 허용합니다(나는 내 공동체가 시인하지 않는 것에 대하여 실수할 수 있어요). 그러나 나의 공동체가 실수할 가능성을 배제하죠. 만약 나의 공동체가 살인은 옳지 않은 것이라고 느낀다면, 그것은 **살인을 옳지 않은 것으로 만들지요**(적어도 그들에게는 그래요).

이것은 받아들이기 어려운 내용이에요. 어떤 공동체라도 도덕적으로 실수할 가능성은 분명히 있는 게 아닐까요? 고대 로마인들은 자신들의 즐거움을 위해 야생동물이 노예를 찢어죽이는 걸 구경하는 것이 도덕적으로 허용될 수 있다고 **느꼈어요**. 그러나 그 사실이 그것을 허용할 수 있게 만드는 건 아니지요.

마지막으로, 정의주의에 대해 생각해봅시다. 정의주의에 따르면, 내가 "살인은 옳지 않다"라고 말할 때, 나는 어떤 주장을 하는 게 아니에요. 어떤 종류의 주장도 하지 않기 때문에, 내가 '옳지 않음'에 대해 실수할 가능성이 전혀 없다는 결론이 나오지요. 즉 **실수를 할 만한 것이 아무것도 없는** 셈이죠.

요컨대, 그런 개인적인 그리고 집단적인 실수의 가능성은 도덕적 속성이 **객관적** 속성이라는 점을 보여주는 것 같습니다.

왜 '옳지 않음'은 둥긂과 비슷할까?

다음에서 보여주는 비유가 도덕적 속성이 객관적 속성이라는 이유를 설명하는 데 도움이 됩니다. 둥긂은, 거의 의심할 바 없이 객관적인 속성이에요. 우리가 어떻게 생각하든 간에 사물들은 **어쨌든** 둥글지요. 그런데 멀리 떨어져 있는 둥근 탑은 어떤 지점에서는 둥글지 않게 보일 때도 있어요. 둥근 탑이 네모로 보일 수도 있지요. 그런데 만약 우리가 그 탑이 네모라고 판단한다면, 우리는 사실을 잘못 판단하는 게 될 겁니다. 그 탑은 **여전히** 둥글기 때문이지요.

모양이란 **객관적인 속성**, 즉 '어쨌든 거기에' 있는 속성이에요. 이 점은 어떤 것이 둥근지의 여부에 대하여 개인적으로 그리고 집단적으로 실수할 수 있는 이유를 설명합니다. 만약 어떤 사물이 단지 그렇게 보이기 때문에 둥글고 네모난 모양이 된다고 한다면, 그 탑이 네모로 보인다는 이유만으로 그 탑은 네모가 될 것입니다.

이와 비슷하게, 만약 안경모형이 올바르다면, 그리고 사물들은 단지 옳지 않은 것으로 보이기 때문에 옳지 않다면, '옳지 않음'에 대해 실수할 가능성은 전혀 생기지 않을 거예요. 우리가 '옳지 않음'에 대하여 개인적으로 그리고 집단적으로 실수할 수 있다는 사실은, '옳지 않음'이 마치 둥긂과 같이 객관적 속성이라는 점을 보여 주는 것 같아요.

생각 모으기

지금까지 도덕에 관한 두 가지 경쟁이론을 살펴보았습니다. 어떤 이들은 도덕에 관한 안경모형을 택합니다. 안경모형에 따르면, 도덕적 가치는 우리가 세계를 관찰할 때 쓰는 정서적 안경에 의해 덧붙여진 겁니다. 반면, 다른 사람들은 옳고 그름은 객관적 속성, 즉 우리가 어떻게 생각하든 간에 '어쨌든 거기에' 있는 속성이라고 믿습니다.

어느 입장이 옳은가요? 사실 나는 여기서 꽤나 혼란스러움을 느낍니다. 한편으로, 도덕적 가치가 '저기 밖에' 객관적으로 존재한다고 믿는 사람들은 극복하기 어려운 문제, 즉 우리가 도덕적 지식을 어떻게 획득하는가 하는 문제와 부딪치는 것 같아요. 다른 한편으로, 우리가 무엇이 옳고 무엇이 그른지에 대해 개인적으로나 집단적으로 실수할 수 있다는 사실은, 우리가 '옳음'과 '옳지 않음'이라는 말들을 '어쨌든 거기에' 존재하는 객관적인 속성들을 의미하는 것으로 사용한다는 점을 보여주는 것 같습니다. 이러한 논증들은 우리를 정반대 방향으로 서로 당기고 있습니다.

여기서 우리는 어느 쪽으로 가야 하나요? 어떤 철학자들은 유일한 해결책은 '실수'이론을 채택하는 거라고 주장합니다. 한편으로 '옳음'과 '옳지 않음'이라는 도덕적 개념들은, 이런 이름을 붙일 만한 속성이 반드시 객관적인 속성이어야 한다는 점을 요구해요. 그러나 그러한 객관적인 속성들은 저기 밖에 존재하지 않습니다. 따라서 우리가 이런 용어들을 사용하면서 말하는 모든 것들은 실제로는 거짓이죠. 도둑질이 옳지 않다는 것은 거짓이에요. 도둑질이 옳다는 것 또한 거짓이고요. 우리는 어떤 행동이 도덕적 속성을 가지고 있다고 생각할 때 '실수'를 하고 있어요. 도덕적 가치는 근본적으로 착각입니다.

이런 입장은 사실상 받아들이기 부담스러워요. 그렇다면 이에 대한 만족스런 해결책은 무엇일까요? 근본적으로 도덕적 가치 같은 것은 존재하지 않는다고 인정하는 것일까요? 아니면 우리가 더욱 개연성 있는 대답을 고안해내는 것일까요?

생각 넓히기

● 이 글에서 우리는 **도덕적 실재론**에 대한 몇몇 찬반 논증을 살펴보았어요. 제2권의 6장에서는 **수학적 실재론**에 대한 찬반 논증을 살펴보았지요. 여러분은 이 글에 나오는 대부분의 입장과

논증이 제2권의 6장에도 반영되고 있음을 알게 될 겁니다.

- 안경모형은 피할 수 없이 도덕적 상대주의와 관련되는 것 같아요. 도덕적 상대주의는 한 개인이나 공동체에게 옳은 것이 다른 개인이나 공동체에게는 옳지 않을 수도 있으며, 객관적으로 옳은 것은 존재하지 않는다고 보는 견해예요. 도덕적 상대주의에 대해서는 제1권의 5장에서 논의했어요.
- 어떤 이들은 도덕적 가치가 객관적이라는 견해는 신이 존재한다는 점을 필요로 한다고 주장하기도 해요. 이러한 주장은 제1권의 10장에서 다루고 있습니다.

제 9 장

고기를 꼭 먹어야 할까?

09

매년 수십억마리의 동물들이 고기를 좋아하는 인간의 취향을 만족시키기 위해 도살되고 있습니다. 나는 고기를 먹습니다. 그렇지만, 단지 어떤 종류의 식량에 대한 인간의 취향을 만족시키기 위해 다른 생물종(種)을 도살하는 것이 매우 비도덕적임을 보여주는 강력한 논증이 있다는 걸 인정합니다. 이 글에서는 그러한 논증들을 소개하겠습니다.

사람 먹기

어느 식당에서 금영이 돼지고기보쌈을 주문하자, 장금은 금영을 비난하는 듯한 표정을 짓습니다.

금영 ― 나는 고기를 먹는 게 **좋아**. 먹고 싶은데 왜 먹지 말아야 하니?

장금 ― 왜냐하면 네가 그 맛을 즐기기 위해 살아 있는 것을 죽이기 때문이야.

금영 ― 그런데 그것이 왜 나쁘니?

장금 ― 그럼, 인간의 살(肉)맛을 좋아한다고 해서 인간을 죽이는 것이 도덕적으로 허용될 수 있다고 생각하니?

금영 ⎯ 너 지금 한니발 렉터(Hannibal Lecter) 얘기를 하는 거니? 물론 허용될 수 없지.

장금 ⎯ 그런데도 너는 돼지·소·닭을 죽이는 것은 괜찮다고 생각하니?

금영 ⎯ 그럼.

장금 ⎯ 그렇다면, 너는 다른 종류의 동물은 잡아먹어도 된다고 하면서, 인간을 잡아먹는 건 옳지 않다고 하는 **이유**를 설명할 필요가 있어. 우리 인간과 동물 사이에는 무슨 차이점이 있기에 동물을 우리와 다르게 대우하는 게 **정당화**되는 걸까?

장금이 아주 좋은 질문을 했어요. 앞으로 알게 되겠지만, 이것은 쉽게 대답할 수 있는 문제가 아니에요.

의심할 필요도 없이, 우리가 서로 다른 종류의 존재들을 도덕적으로 차별하는 것은 매우 정당합니다. 예컨대, 우리는 어린이를 어른과 다르게 대우하지요. 우리는 어린이가 할 수 있는 것을 제한합니다. 가령, 어린이에게 투표를 할 수 있도록 허용하지 않지요. 그러나 이것은 정당화됩니다. 어린이는 자신을 스스로 돌보거나 투표권을 행사할 수 있을 만큼 충분히 합리적이지도 않고 책임질 능력도 가지고 있지 않아요. 어린이와 어른 사이에는 차별적 대우를 정당화하는, **도덕적으로 타당한 차이점**이 존재해요.

그러나 모든 차별이 도덕적으로 타당한 건 아니에요. 피부색이나 성별을 예로 들어보죠. 흑인들과 여성들은 한때 투표권을 갖지 못했어요. 그들의 자유는 심하게 제한되었지요(어떤 곳에서는 아직도 그래요). 흑인들과 여성들이 차별대우를 받아왔지만, 그들과 그들을 억압하는 자들 사이의 차이점은 결코 그 차별대우를 정당화하

● 토머스 해리스(Thomas Harris)의 소설을 영화화한 「양들의 침묵」(The Silence of The Lambs)에 나오는 인육(人肉)을 먹는 연쇄살인범 이름이에요.

● 고기를 꼭 먹어야 할까?

지 못했으며, 지금도 정당화하지 못해요. 자유권과 투표권이 문제가 될 때, 도대체 인종이나 성별이 무슨 상관이 있다는 말입니까? 전혀 상관이 없지요.

인종이나 성별에 근거해서 차별하는 사람들은 **인종차별주의**(racism)와 **성차별주의**(sexism)라는 비난을 면치 못합니다. 이들 차별주의자들은 자기와 다른 사람들에 대해서 이유없는 편견과 편협함을 가지고 있어요.

장금이 금영에게 요구하는 것은, 결국 소·닭·돼지 같은 동물들과 우리 인간 사이에 어떤 차이점이 있기에, 우리가 다른 종들을 그렇게 달리 대우하는 것이 정당화되는지를 설명해보라는 거예요. 만약 금영이 그 차이점을 지적하지 못한다면, 금영은 어떤 식의 편협함을 가지고 있다는 비난을 면치 못할 겁니다. 말하자면, 금영은 이제 우리가 **종차별주의**(speciesism)라고 부르는 범주에 속하겠지요.

장금이가 금영이에게 이렇게 묻네요. "고기맛을 즐기려고 산 것을 죽인다고?"

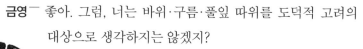

금영― 좋아. 그럼, 너는 바위·구름·풀잎 따위를 도덕적 고려의 대상으로 생각하지는 않겠지?

장금― 물론 그래.

금영― 그렇다면 다른 종류의 동물은 왜 도덕적 고려의 대상이 되어야 하는지 설명해줄 수 있겠니? 바위나 풀잎처럼, 동물도 우리와는 아주 달라. 그렇다면, 우리가 왜 동물까지 도덕적으로 **고려해야 하는지**를 설명하는 것은 분명히 너의 몫이야.

장금― 음. 동물은 많은 점에서 우리와 유사해. 예를 들어, 돼지는 삶을 즐길 수 있어. 물론 매우 제한된 방식이라는 점은 인정해야겠지만 말이야. 인간과 비교한다면, 돼지가 누릴 수 있는 즐거움의 범위와 정도는 상당히 제한되어 있어. 하지만 유명한 격언에도 나오듯이, 돼지는 행복해질 수 있어. 그런데 바위는 그렇지 않아.

금영 ― 음, 그렇긴 해.

장금 ― 자, 그렇다면, 다른 생물체의 행복과 고통은 우리의 도덕적 관심사가 되어야 하지 않겠니? 물론, 대부분의 사람들이 그렇게 생각해. 심지어 너도 그렇고. 그 누구도 단지 재미 삼아 뜨거운 부지깽이로 돼지를 고문하는 것이 도덕적으로 허용될 수 있다고 생각하지는 않아. 그렇지?

금영 ― 그야 그렇지.

장금 ― 사실, 너는 동물을 그런 식으로 고문하는 사람들은 고소를 당해야 하고, 심지어 감옥에 갇혀야 한다고도 생각할 거야. 대부분의 사람들은 돼지도 **이런 식으로** 도덕적·법률적 고려의 대상이 된다는 점에 기꺼이 동의해. 그렇지만 그들은 동물의 살코기에 대한 자신의 취향을 만족시키기 위해 똑같은 돼지가 도살될 수도 있다는 생각은 아무 거리낌없이 하고 있어. 너도 그렇지? 그 이유가 뭘까?

동물은 멍청하다?

사실, 금영이 지금부터 지적하는 것처럼, 우리 자신과 다른 생물종 사이에는 차별적 대우를 정당화하는 것처럼 보이는, 자못 명백한 차이점이 존재해요.

금영 ── 좋아. 우리가 다른 동물도 도덕적 고려의 대상으로 생각해야 한다는 점은 인정해. 그렇지만 분명히 우리는 인간에게 베풀고 있는 것과 **동일한** 도덕적 고려를 동물에게도 베풀어서는 안돼. 왜냐하면 동물은 인간과는 중요한 의미에서 **다르기** 때문이야. 예를 들어 동물은 상당히 **멍청해**. 그렇지 않니? 돼지를 생각해봐. 돼지는 말도 못하고, 쓸 수도 없고, 한 가지 일을 오랫동안 할 수도 없어. 옳고 그름을 구별할 수조차 없어. 돼지는 그저 매우 기본적인 쾌락만을 누릴 뿐이야. 이러한 점은 우리 자신과 돼지 사이에 존재하는, 꽤 중요한 차이점이야. 이 차이점들이 돼지를 우리와 달리 대우하는 것을 정당화해.

장금 ── 너는 우리와 비교해서 돼지가 멍청하다는 사실이 우리가 돼지를 잡아먹는 것을 정당화한다고 생각하니?

금영 ── 응!

장금 ── 그렇다면 이런 경우를 생각해봐. 엄마의 뱃속에 있는 태아에게 심각한 영향을 주는 질병이 있다고 해봐. 이 질병 때문에 어떤 아이들은 상당히 지능이 떨어진 채로 태어나게 되었어. 이 아이들은 언어를 배울 수도 없고, 아주 조잡한 감각적 즐거움만을 누릴 수가 있어. 이 아이들이 보통의 돼지보다 정서적·지적·도덕적 정교함도 떨어진다고 가정해봐.

금영 ── 어머, 저런, 너무 불쌍해!

장금 ── 나도 그래. 그럼 이제, 너는 우리가 이 아이들을 어떻게 대우해야 한다고 생각하니?

금영 ── 내 생각에는, 특별진료원을 만들고 그 아이들을 돌볼 사람을 고용해서, 아이들에게 최상의 삶의 질을 제공해줘야 할 것 같아.

장금 그런데 너는 왜 그 아이들을 잡아먹지 않니? 네 견해에 따르면, 결국 그 아이들을 잡아먹는 것은 완벽하게 허용되는 일 아니니?

장금이 옳아요. 위와 같은 이유로 고기를 얻기 위해 동물을 죽여도 된다는 금영의 변명이 정당하다면, 지능이 낮은 인간을 잡아먹는 것 역시 정당화될 겁니다. 그러나 이러한 제안에 대부분의 사람들은 도덕적으로 분노할 겁니다.

장금 내가 보기에 너는 단지 다른 종에 대해 편견을 가지고 있는 것 같아.

금영 왜?

장금 너는, 지능이 낮은 인간을 잡아먹는 것이 **도덕적으로 허용될 수 있다**고 말하거나, 아니면 그것은 돼지를 잡아먹는 것과 마찬가지로 **도덕적으로 옳지 않은 일**이라고 말해야 해. 너는 둘 중 하나를 말해야만 해. 그런데도 너는 어느 것도 말하지 않았어. 너는 다른 종을 다르게 대우하는 것이 정당화된다고 생각하는 모양인데, 사실 네 주장은 정당화되지 않는다는 점이 밝혀졌어. 너는 그저 고집불통일 뿐이야.

많은 이들은 육식이 도덕적으로 허용될 수 있다고 생각한다?

고집불통이라는 장금의 말을 듣고 금영은 화가 치솟았습니다.

금영 ― 그러나 대부분의 사람들은 돼지, 소 등을 잡아먹는 것을 괜찮다고 생각해. 너는 어떻게 이런 수백만명의 사람들이 잘못되었다고 생각할 수 있니?

장금 ― 대부분의 사람들이 도덕적으로 받아들인다고 해서, 그것을 도덕적으로 받아들일 수 있다고 결론내릴 수는 없어. 불과 몇백년 전만 해도 대부분의 서양인들은 다른 인종을 노예로 부리는 것이 도덕적으로 정당하다고 생각했어. 그들은 자기들이 하고 있는 일의 비도덕성을 보지 못했을 뿐이야. 대부분의 사람들이 똑같은 방식으로 생각했기 때문에, 그리고 노예제도가 당국의 허가를 받았기 때문에, 어느 누구도 노예제도에 의문을 제기하지 않았어. **지금** 되돌아보면, 그때 일어났던 일이 매우 옳지 않았다는 점을 알게 돼. 그러나 당시 사람들은 그러한 점을 인식할 수 없었어. 아마 오늘날의 우리도 그와 유사한 상황에 있는지 몰라. 수백년쯤 지나서, 사람들은 우리가 지금 다른 생물종을 다루는 모습을 보고 혐오감을 느낄지도 몰라.

동물은 먹기 위해 키우는 것이다?

금영은 여전히 고기를 먹는 것은 도덕적으로 허용될 수 있다고 생각해요. 그녀는 가장 대중적인 정당화들 중 몇가지를 살펴보기 시작합니다. 금영은 먼저 소·돼지·닭 등은 인간이 먹기 위해 사육된다는 점에서 시작합니다.

금영 ― 동물은 먹기 위해 키우는 거야. 그렇다면 동물을 잡아먹는 것이 도덕적으로 허용되지 않겠니? 결국, 우리가 동물을 먹지 않는다면, 동물은 존재하지도 않았을 거야. 안 그래?

장금￢ 그렇긴 하지. 하지만 그것이 우리가 하는 일을 정당화하지는 않아. 조금 전에 이야기했던 정신장애아를 예로 들어보자. 그 아이들의 장애가 유전된다고 생각해봐. 그럼 자자손손 비슷한 장애로 고통받게 될 거야. 그런데 네 생각에 따르면, 우리가 이러한 사람들을 먹잇감으로 사육하는 것도 도덕적으로 허용될 수 있게 돼.

우리에게는 고기가 필요하다?

금영￢ 좋아. 네 말이 맞아. 먹기 위해 동물을 키운다는 사실이 동물을 먹어도 된다는 점을 정당화하지는 않아. 인정해. 그러나 우리는 건강을 유지하기 위해 고기를 먹어야 해.

장금￢ 왜 그렇게 생각하니?

금영￢ 고기에는 다른 식품에서는 구하기 힘든 여러가지 비타민과 미네랄이 들어 있어. 고기는 풍부한 단백질원(源)이기도 해.

장금￢ 그렇지만, 고기를 전혀 먹지 않고서도 건강하게 사는 수백만명의 불교신자들, 힌두교신자들, 자이나교신자들도 있어. 고기는 건강한 영양섭취에 필수적인 것은 아니야. 다이어트전문가들에게 물어봐. 우리는 단지 현명하게 식사하기 위해 주의를 기울이기만 하면 돼. 그렇게만 한다면 건강해질 수 있어.

고기를 먹는 것은 자연스럽다?

금영은 이에 굴하지 않고 다른 방책을 강구합니다.

금영 ┐ 좋아. 여기 더 좋은 논증이 있어. 인간은 잡식동물로 **진화해왔어**. 그렇지? 우리는 고기를 먹게끔 **되어** 있어. 고기를 먹는 것은 자연스러워. 이러한 이유로 고기를 먹는 것은 도덕적으로 허용될 수 있어.

장금 ┐ 어떤 행동이 자연스럽다고 해서, 그것이 모두 도덕적으로 허용될 수 있는 건 아니야. 가령, 폭력을 휘두르려는 성향은 남성에게 어느정도 유전적으로 프로그래밍되어 있어. 그렇다고 해서 폭력적 행동이 도덕적으로 허용될 수 있는 건 아니지 않니?

금영 ┐ 분명히 그래.

장금 ┐ 비슷한 이유로, 고기를 먹는 것이 자연스럽다고 해서, 달리 말하면 우리가 고기를 먹도록 설계되어 있다고 해서, 그것만으로 고기를 먹는 것이 도덕적으로 허용되지는 않아.

동물은 동물을 먹는다?

금영은 이제 또다른 대중적인 정당화를 시도합니다.

금영이는 이렇게 답해요. "내 몸이 고기를 원해! 그게 왜 나빠?"

188

금영⎯ 동물은 다른 동물을 먹어. 동물이 그렇게 하는 게 그릇된 일은 아니야. 그렇다면 우리라고 해서 왜 동물을 먹으면 안되는 거니?

장금⎯ 다른 동물들은 옳고 그름에 대한 관념이 없고, 자기 일을 알아서 할 수도 없어. 물론 다른 동물들이 서로를 죽이는 일이 '옳지 않다'고 섣불리 말할 수는 없겠지. 그러나 우리는 달라. 우리는 옳고 그름을 **구별해**. 우리에게는 변명거리가 없어. 요컨대, 너는 동물들이 서로 죽이거나 약탈한다는 점을 구실로, 우리 인간도 죽이고 약탈할 수 있다고 말하지는 않겠지?

금영⎯ 물론이야.

장금⎯ 그렇다면 왜 동일한 구실로 고기를 먹는 것에 대해서는 변명을 늘어놓니?

금영⎯ 좋은 지적이긴 한데⋯⋯

장금⎯ 이렇게 한번 생각해보자. 앞에서 이야기했던 정신장애아들이 서로 잡아먹는다고 가정해봐. 우리가 서로 잡아먹는 동물을 잡아먹는 것이 괜찮다면, 그러한 정신장애아들을 잡아먹는 것도 역시 괜찮을 거야. 그런데 너는 그것이 정말 괜찮을 거라고 생각하니?

금영⎯ 물론 그렇게 생각하지 않아.

장금⎯ 그렇다면 너는 내 생각에 동의하는 거야. 그렇지?

금영은 동의하고 싶은 생각이 추호도 없어요.

금영⎯ 물론 동의하지 않아. 우리 인간과 동물 사이에는, 우리가 동물을 잡아먹는 것을 정당화하는, 도덕적으로 타당한 차이가 존재한다는 점은 **지극히 분명해.** 나는 단지 그 차이점이 정확하게 무엇인지를 지적해내는 게 조금 어려울 뿐이야.

장금 ― 어머나. 마치 노예소유주들처럼 말하는구나. 노예소유주들은 백인과 흑인 사이에 도덕적인 차이점이 존재하는 건 '지극히 당연'하지만, 그게 무엇인지를 말하는 것에 대해 조금 어려움을 느낄 뿐이라고 생각했어.

금영 ― 나는 고집불통이 아니야!

장금 ― 그렇다면 왜 네가 고집불통이 아닌지를 설명해줘. 내가 보기에 너는 고집불통이야.

문제는 영리해질 수 있는 잠재성이다?

금영에게 별안간 영감이 떠올랐어요. 중요한 것은 그 아이가 지금 정신장애아라는 사실이 아니라 그 아이가 어떤 사람이 될 수 있었는가 하는 점이란 생각이 떠올랐어요.

금영 ― 사실, 정신장애아와 돼지 사이에는 도덕적으로 중요한 차이점이 있어. 우리는 평소에는 그 차이점을 간과하고 있어.

장금 ― 무슨 차이점?

금영 ― 그 아이들이 **삶을 시작했을 때는,** 우리처럼 영리하고 정교한 존재가 될 수 있는 **잠재성을** 가지고 있었어. 그 아이들은 다만 엄마의 뱃속에서 자라는 과정에서 무엇인가가 잘못되었을 뿐이야. 그러나 돼지는 그러한 잠재성을 갖고 있지 않으며, 앞으로도 영원히 가질 수 없어. 따라서 어떤 생명체가 무엇이 될 수 있었는가 하는 **잠재성**이 중요한 거야. 그 아이들은 그러한 불행만 없었다면 영리한 존재가 **되었을 거야**. 바로 이런 이유로 우리는 그 아이들을 돼지와 달리 완전하게 도덕적으로 존중해야 해.

몇몇 철학자들은 이런 식으로 다른 동물에 대한 차별을 옹호하려 했어요. 그러나 장금은 여기에 설득되지 않네요.

장금⌐ 좋아. 그렇다면 이렇게 한번 생각해보자. 우리 인간이 다른 행성에서 유래했다는 사실이 밝혀졌다고 해봐. 수천년 전에 외계인들이 '멍청이'인간족을 지구에 데려왔어. 그후로 우리 인간은 지구에서 진화하여 현재와 같은 존재가 되었어. 다행스럽게도 우리 인간의 마음은 진화하는 동안 정교하게 다듬어졌어.

금영⌐ 별난 생각을 다 하네.

장금⌐ 나도 알아. 그러나 그 생각이 참이라고 **가정해봐**. 그리고 우리가 왔던 다른 행성에서는 '멍청이'인간족이 지금까지 계속 살고 있음이 밝혀졌어. 그들은 우리처럼 진화하지는 못했어. 예전처럼 여전히 우둔한 인간이야.

금영⌐ 저런, 불쌍해!

장금⌐ 그래. 한 가지만 더 가정해봐. 우리가 이야기하는 정신장애아들의 **절반**이 최근 외계인들의 실험결과라고 상상해봐. 최근에 이 못된 외계인들이 저쪽 행성에서 '멍청이'인간족의 수정란을 가져와서 지구인 여성의 자궁에 착상시켰어.

금영⌐ 알았어. 그렇다면 절반의 정신장애아들은 생물학적으로 저쪽 행성의 '멍청이'인간족의 아이라는 말이니?

장금⌐ 응. 정신장애아들의 **절반**은 '멍청이'인간족을 부모로 두고

고기를 꼭 먹어야 할까?

있어.

금영⎯ 나머지 절반은?

장금⎯ 나머지 절반은 보통 지구인들의 아이야. 이 아이들의 정신
장애는 원자력사고 때문에 생겨났어. 부모들이 방사능에 노출되
는 사고를 당한 거야. 그래서 부모들의 유전자가 손상되었고, 손
상된 유전자가 아이들에게 전해지게 되었어. 부모들이 방사능에
노출되지 않았다면, 그 아이들은 **영리했을 거야**. 그 아이들에게는
그런 **잠재성**이 있었어.

금영⎯ 알았어. 양쪽 아이들은 다른 점에서는 모두 동일하니?

장금⎯ 그래. 양쪽 아이들은 모두 그다지 똑똑하지는 못해. 그 이
유는 똑같아. 양쪽 아이들은 모두 영리해지기 위해 필요한 유전
자를 가지고 있지 않아. 양쪽 아이들의 유전자정보를 검사해보
면, 전혀 차이를 발견할 수 없어. 그렇지만, 지구인 쪽 아이들은
불행한 원자력사고 때문에 '멍청이'유전자를 가지게 되었지만,
외계인 쪽 아이들은 '멍청이'인간족이 우리 지구인처럼 진화하
지 못했기 때문에 '멍청이'유전자를 가지게 된 거야.

금영⎯ 알았어.

장금⎯ 그렇다면, 우리는 이 양쪽 아이들을 도덕적으로 구분해서
대우해야 할까? 특히, 어느 한쪽 아이들은 잡아먹어도 괜찮지만,
다른 쪽 아이들은 잡아먹어서는 안되는 걸까? 과연 그렇게 하는
게 옳을까?

금영⎯ 물론 옳지 않아.

장금⎯ 그렇다면, 너는 이제 곤란한 지경에 빠지게 돼. 너는 돼지
를 잡아먹는 것은 괜찮다고 했어. 그런데 그와 똑같이 '멍청이'
인간을 잡아먹는 것은 안된다고 했어. 그 까닭은 '멍청이'인간은

영리해질 수 있는 **잠재성**을 가지고 있기 때문이라고 했어. 그렇다면 우리가 이 양쪽 인간들을 구분해서 대우**해야만 한다**는 결론이 나오게 돼. 맞아. 그들은 유전적으로는 동일해. 그러나 지구인의 아이들은 과거에 영리해질 수 있었던 잠재성을 가지고 있는 반면, '멍청이'인간족의 아이들은 그렇지 않아. 자, 이제 네 말이 옳다면, 지구인 아이들을 죽이는 것은 옳지 않지만, '멍청이'인간족의 아이들을 잡아먹는 것은 옳지 않은 점이 전혀 없어. 그 아이들은 돼지처럼 **멍청이 이외에 될 수 있는 게 아무것도 없어.**

금영 ⌐ 좋아. 동의해. 양쪽 아이들을 차별해서 대우하는 것은 도덕적으로 옳지 않다는 주장에 동의해. 이번 제안도 포기하겠어.

파리를 죽이는 것은 도덕적으로 옳지 않은가?

금영은 말을 멈추고 다른 근거를 찾아보기 위해 잠시 생각에 잠깁니다.

금영 ⌐ 네가 상당히 강력해 보이는 논증을 제시했다는 점을 인정해. 네 말처럼 돼지를 잡아먹는 것은 매우 비도덕적이라는 주장이 성립할 수도 있어. 하지만 솔직하게 말해서 네가 내린 결론은 우스꽝스러워.

장금 ⌐ 왜?

금영 ⌐ 네 주장에 따르면 개미와 파리조차 도덕적으로 존중받을 만한 자격이 있는 게 돼.

장금 ⌐ 그렇게 말하지는 않았어. 내가 볼 때는, 파리가 실제로 고통스러워하거나 행복해한다고 할 수 있는지는 분명하지 않아. 따라서 그 동물이 도덕적 고려의 대상이 될 만한 자격이 있는지도 분명해 보이지 않아. 그런데 돼지 같은 동물의 경우에는, 그들이 고통을 느끼고 행복해할 수 있음이 분명해. 따라서 돼지는 도덕적으로 존중받을 만한 자격이 있어.

금영 ─ 돼지가 인간과 같은 정도로 존중받아야 하니? 사람 4명과 돼지 1마리가 배에 갇혀 있다고 상상해 봐. 배에는 마실 물이 네 몫밖에 없어. 돼지와 사람 중 누구를 배 밖으로 던져버려야겠니? 내가 보기에는 분명히 돼지를 던져버려야 해.

장금 ─ 나 역시 그렇게 생각해. 나는 돼지가 사람만큼 중요하다고 생각하지는 않아. 돼지의 행복·고통 등이 사람의 것만큼 중요하지는 않아. 그러니까 반드시 돼지를 던져버려야 해.

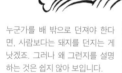

누군가를 배 밖으로 던져야 한다면, 사람보다는 돼지를 던지는 게 낫겠죠. 그러나 왜 그런지를 설명하는 것은 쉽지 않아 보입니다.

금영 ─ 그렇지?

장금 ─ 그 점에 대해서는 동의해. 그런데 한번 생각해봐. 돼지를 던져버리는 것이 왜 옳을까?

금영 ─ 왜냐하면 돼지니까.

장금 ─ 그것은 이유가 안돼. 네 말대로 하면, 인종차별주의자들은 흑인이라는 이유로 흑인을 던져버리는 것이 옳다고 말할 수 있어.

금영 ─ 그렇겠네. 좋아. 그러면, 다시, 그 이유는 돼지가 우리만큼 영리하지 않기 때문이야. 돼지는 우리만큼 폭넓은 영역의 정서를

194

가지고 있지 않아. 돼지들은 옳고 그름에 대한 이해도 없어.

장금 ― 그 점에는 나도 동의해. 그러면 그 배에 사람이 5명 있다고 가정해보자. 그 중 1명은 앞에서 말했던 정신장애아라고 해. 자, 그럼 이번에는 누구를 던져버려야 하겠니?

금영 ― 모르겠어. 인간의 생명은 모두 평등한 가치를 가지고 있어. 아마 동전 던지기라도 해야겠지.

장금 ― 그런데, 네 추론에만 의존한다면 정신장애아를 던져버려야 해. 왜냐하면 정신장애아는 돼지와 마찬가지로 우리만큼 영리하지 않기 때문이야.

금영 ― 너는 나찌스처럼 말하고 있어. 너는 이 불쌍하고, 불행한 아이가 돼지만큼만 도덕적으로 중요하다고 생각하고 있어. 정말 그렇게 생각하니?

장금 ― 나는 그저 네 추론에 의존했을 때 나오는 결론이 무엇인지를 지적하고 있을 뿐이야. 사실, 내가 말하는 요점은 돼지도 도덕적으로 매우 중요하다는 거야. 물론 돼지가 일반적인 사람들만큼 중요하지는 않아. 왜냐하면 네가 말한 것처럼, 일반적인 사람들은 돼지보다 훨씬 도덕적·지적·정서적으로 정교하기 때문이야.

동물은 영혼을 가지고 있지 않다?

금영은 이제 고기를 먹는 것에 대해 다른 종류의 정당화, 즉 **종교적 정당화**를 하려고 결심합니다.

금영 ― 생각을 바꿨어. 우리가 다른 생물종보다 더 영리하고, 더 정교하다는 사실이 차별적 대우를 정당화하지는 않아. 차별적 대우를 정당화하는 것은, 우리는 **영혼**을 가지고 있는 데 반해 동물들은 그렇지 않다는 점이야.

장금─ 영혼이 뭐니?

금영─ 사람의 본질적인 특성이야. 영혼은 그 사람이 어떠한 사람이라는 것, 즉 인격 내지 성격(personality)이야.

장금─ 그렇지만 돼지도 어떤 종류의 영혼을 가질 수 있어. 돼지를 애완동물로 키우는 사람에게 한번 물어봐. 돼지도 각각 독특한 저만의 성격을 가지고 있어. 돼지는 그런 점에서 개와 비슷해. 적어도 몇몇 다른 동물종들도 영혼을 **가지고** 있어.

금영─ 아니야. 개와 돼지는 인격이나 성격을 전혀 **가지고** 있지 않아. 그렇게 생각하지 않니?

장금─ 글쎄, 논쟁의 여지가 있을 거 같아. 동물을 사랑하는 사람들에게 물어봐. 그러나 어찌되었든 간에 네 말은 주제와 관련이 없어. 앞에서 이야기했던 정신장애아들을 생각해봐. 그 아이들이 돼지나 개보다 더 정교한 건 아니야. 말하자면 인격 내지 성격을 더 많이 갖추고 있는 건 아니야. 그렇다면, 이번에도 네 추론에만 따르자면, 그 아이들을 잡아먹는 것은 괜찮아야만 해!

금영─ 아니야. 그 불쌍한 아이들은 영혼을 가지고 있어. 영혼이란 독립적으로 존재하면서 물리적 신체를 떠나 자유롭게 떠다닐 수 있는 어떤 것을 말해. 많은 종교에 따르면, 각 개인은 모두 그러한 영원불멸의 영혼을 가지고 있어. 그러나 동물은 그렇지 않아. 이러한 이유로 사람들을 동물과 차별해서 대우하는 것은 정당화돼.

장금─ 음, 그것은 네 **생각**일 뿐이야. 네 생각이 **합리적**으로 믿을 만한 것이 되기 위해서는, 너는 정신장애아들을 포함하여 인간은 모두 영혼을 가지고 있는데, 동물은 그렇지 않다는 주장을 뒷받침할 만한 근거를 고안해내야만 해.

금영 ― 『성경』에서 그렇게 말하고 있어.

장금 ― 그래? 정말 그렇게 확신하니? 설령 그렇다고 해도, 그래서 어쨌다는 거니? 무슨 근거로 『성경』에 나오는 모든 것이 참이라고 가정하니? 요컨대, 「레위기」 25장 44절●에는 이웃국가에서 온 사람들을 노예로 삼을 수 있다고 말하고 있어. 그렇다고 해서 미국인들이 캐나다인들을 노예로 삼을 도덕적 권리를 가지고 있다고 믿지는 않겠지? 네 생각은 어때?

금영 ― 물론 그렇게 믿지는 않아.

장금 ― 좋아. 그렇다면 너는 무슨 근거로 동물의 영혼이나 육식에 대한 『성경』의 구절을 신뢰하는 거니? 단지 네가 가지고 있는 어떤 편견들을 뒷받침하기 위해 『성경』을 이용하는 거 아니니? 마치 노예소유주들이 노예제도를 옹호하기 위해 「레위기」를 인용했던 것처럼 말이야. 물론 너는 노예제도에 찬성하지는 않겠지? 내가 제대로 짚었니?

● 이렇게 씌어 있어요. "만일 너희가 종이 필요하면 너희 주변에 사는 이방민족 중에서 사올 수 있고……."

그것 말고도 중요한 일이 얼마나 많은데……

금영은 점점 더 화가 치솟고 있어요. 금영은 고기 먹는 것을 옹호해보려 했으나, 번번이 비참하게 실패하고 있네요. 그래서 이번에는 공격적으로 나가기로 결심합니다.

금영 ― 수백만명의 사람들이 굶주림과 지진으로 죽어가는 마당에 소·돼지·닭·오리 따위에 대해 걱정하는 것은, 우선순위를 잘못 정하고 있는 것으로 보여. 너는 어떻게 우리 아이들이 굶어 죽어가고 있는데, 동물에 대해 이러쿵저러쿵 말할 수가 있니?

장금 ― 그것은 육식의 도덕성에 의문을 제기하는 사람들에 대응하는 흔한 방법이야. 그렇지만 그다지 좋은 대응책은 아니야!

금영 ― 왜?

장금 ― 내가 다른 동물의 복지에 관심을 갖고 있다는 점이, 내가 인간의 복지에 관심을 가질 수 없다는 점을 의미하는 건 아니야. 그렇지 않니? 사실 나는 인간의 복지에 관심이 많아. 나는 인간이, 인간이 아닌 것들보다 일반적으로 말해서 더욱 중요하다고 믿어. 그리고 또한 나는 다른 생물종에 대한 우리의 태도가 매우 잘못되었다고 믿어. 사실 너는 내 견해가 잘못되었다고 할 만한 근거를 단 한 가지도 제시하지 못했어. 고기를 먹는 것은 정신장애아를 잡아먹는 것처럼 잘못된 건 아니라는 주장을 뒷받침할 만한 근거를 조금도 제시하지 못했어. 그런데도 너는 그 아이들을 잡아먹는 것은 매우 잘못되었다고 생각하고 있어.

금영 ― 너는 여전히 중요한 것이 무엇인지에 대한 우선순위를 잘못 정하고 있구나.

장금 ― 좋아. 내가 어떤 회사가 직원들의 연금을 가로채는 것은 옳지 않다고 했다고 가정해봐. 그렇다고 해서 네가 이렇게 말하지는 않을 거야. "어떻게 너는 르완다에서 대량학살이 자행되고 있는데, 연금 따위에 대해 이러쿵저러쿵 말할 수가 있니? 정말 잘못된 거야!" 또한, 너는 모든 사람들이 연금을 가로채는 문제는 잊어버리고 오직 르완다에만 집중해야 한다고 주장하지도 않을 거야.

금영⎺ 물론 그래.

장금⎺ 좋아. 그런데 내가 동물의 복지에 대한 문제를 제기할 때, 너만 도도한 체하며 내가 우선순위를 잘못 설정했다고 비난했어. 그건 좀 이상하다고 생각해.

생각 모으기

많은 사람들은 다른 동물종을 잡아먹는 것이 도덕적으로 허용될 수 있다는 점을 '지극히 명백하다고' 생각합니다. 나도 철학을 공부하기 전까지는 그렇게 생각했어요. 그러나 이제 나는 육식을 하는 나의 생활양식을 방어하는 게 점점 어려워진다는 사실을 알게 됐어요. 만약 여러분도 육식을 한다면, 여러분은 이 글의 논증을 진지하게 받아들여야 합니다. 아마 우리가 고기를 먹는 것은 방어할 수 있겠지만, 어떻게 방어하는가 하는 것은 순전히 잡식성인 우리의 몫이에요.

생각 넓히기

● 이 글에서는 특별한 도덕적 주제 하나를 다루고 있어요. '단지 고기의 맛을 즐기기 위해 동물을 죽이는 게 옳은가?' 제2권의 8장에서는 도덕에 관한 더 어렵지만 좀더 근본적인 질문을 던집니다. '도덕은 무엇인가? 도덕은 어디에서 오는가?'라는 거죠.

제10장

두뇌이식, 원격이동, 그리고 개인의 동일성

10

며칠 전, 나는 오래된 사진첩을 훑어보았어요. 사진을 대충대충 살펴보면서 여러 시기의 내 모습들을 보았지요. 대학 졸업식 때 모습, 중학교 시절 교복을 입은 모습, 어린이용 침대에 누워 있는 아기 때의 모습 등을 보았어요. 나는 수십년간 내가 어떻게 변해왔는지, 물리적으로 그리고 심리적으로 얼마나 많이 변했는지를 알고 깜짝 놀랐어요. 예를 들어, 내 몸은 이전보다 훨씬 커졌고, 기억의 양도 이전보다 크게 증가했어요. 그러나 이런 변화에도 불구하고 각각의 사진 속에서 내가 보고 있는 인물은 여전히 나였어요. 궁금증이 하나 생겼습니다. 내가 각 사진 속에서 보았던 인물들에 대하여, 그 인물들을 모두 나로 **만드는** 것은 무엇일까요? 이 모든 인물들을 연결하여 단일한 한 사람으로 만드는 것은 무엇일까요? 나임에 관한 본질적인 것은 무엇일까요?

동물이론

내 질문에 대해 그럴듯해 보이는 답이 있어요. 사진첩에서 사진을 볼 때, 나는 매번 동일한 **살아 있는 유기체**를 봅니다. 호모싸피엔스라는 종(種)에 속하는 한 구성원을 봅니다. 나는 각각의 사진 속에 등장하는 유기체가 동일한 물질덩어리라는 점을 말하는 게 아니에요. 내 몸을 구성하는 물질들은 끊임없이 대체되어왔어요. 두 살 때, 내 몸을 구성하던 원자들 중에서 극히 적은 양만이 지금 내 몸의 일부를 이루고 있을 뿐이지요. 오히려 각각의 사진에서 내가 보는 것은, 상이한 발달단계에 있는 **동일한 살아 있는 유기체**, 동일한 **동물**이에요. 따라서 어떤 한 사람은 본질적으로 어떤 한 동물이에요.

사람이 무엇인가 그리고 사람은 어디에 있는가에 관한 이 이론을 **동물이론**(animal theory)이라고 부릅시다. 내가 말한 대로의 동물이론은 언뜻 보기에는 상당히 일리있는 이론 같습니다. 여러분이 다음과 같은 사례를 생각해보기 전까지는 말이죠.

두뇌이식의 사례

어느날 밤, 병구와 만식이 자고 있는데, 외계인들이 들이닥쳤습니다. 외계인들은 병구와 만식의 집 마당에 비행접시를 착륙시키고 나서, 두 사람이 자는 방에 몰래 들어와 복잡한 외과수술을 했어요. 외계인들은 두 사람의 두개골을 열어서 살아 있는 두뇌를 조심스럽게 꺼냈습니다. 외계인들은 발달된 기술을 이용해 둘의 두뇌를 서로 바꾸어 넣고, 모든 신경과 혈관을 조심스럽게 다시 연결했습니다. 외계인들은 두 사람의 두개골을 다시 봉합하고 그들이 개발한 아주 특별한 기술을 사용해 모든 흉터를 보이지 않게 순식간에 치료했지요. 그리고 나서 외계인들은 떠났습니다.

다음날 아침, 두 사람은 잠에서 깼습니다. 만식의 방에서 일어난 사람은 침대에서 빠져나와 아래쪽을 내려다보았습니다. 자기 몸이 변한 것 같은 생각이 들었어요. 그리고 거울 속을 보았을 때 깜짝

놀랐어요. 왜냐하면 기억하던 병구 자신의 얼굴이 아니라 만식의 얼굴이 자기를 쳐다보고 있었기 때문이죠. 그리고 나서 자신으로 보이는 사람이 문에서 걸어들어오고 있는 것을 봅니다. "으악. 이게 무슨 일이지?" 그 사람은 말합니다. "네가 왜 나처럼 생겼어? 그리고 왜 내가 너처럼 생겼지?"

물론 위의 이야기에서 묘사된 수술은 현재까지는 의학적으로 가능하지 않아요. 그러나 **원리적으로** 인간의 두뇌가 다른 동물의 몸에 들어가지 못할 이유는 없어요. 우리는 이미 신체기관과 손발을 이식하고 있어요. 몸 전체를 이식하지 못할 이유가 어디 있겠어요?

이제 스스로 물어보세요. 병구와 만식은 어디에 있을까요? 이런 사례에서 직관적으로 말해보라는 요구를 받는다면, 우리 대부분은 **문제의 두 사람이 몸을 맞바꾸었다고** 대답할 겁니다. 병구는 지금 만식의 몸을, 만식은 지금 병구의 몸을 가지고 있는 거죠.

왜 그럴까요? 요컨대 간이나 심장 같은 다른 기관들을 맞바꾼다면, 그 사람은 그 기관이 새로 자리한 곳에 있는 게 아니에요. 그럼,

두뇌이식과 기관이식의 차이점은 무엇일까요?

물론 대답은 이렇습니다. 어떤 사람이 **심리적으로** 어떠한가를 결정하는 것은 주로 두뇌예요. 예컨대, 여러분의 기억, 재능, 그리고 다양한 성격적 특질은 대체로 여러분의 두뇌가 어떻게 구성되어 있는가(뉴런이 어떻게 얽혀 있는가, 화학적으로 어떻게 조성되어 있는가 등)의 산물이에요. 따라서 병구의 두뇌가 만식의 몸에 이식될 때, 이런 심리적 속성들 또한 함께 이식됩니다. 만식의 몸을 가진 사람에게 누구인지 물어보면, 그 사람은 틀림없이 '병구'라고 답할 겁니다. 왜냐하면 그는 병구의 기억과 다양한 성격적 특질을 모두 갖고 있기 때문이지요. 그렇다면 그 사람은, 비록 만식의 몸을 가지고 있지만, 병구임에 관한 본질적인 모든 것을 가지고 있어요. 이것이 내가 상황을 이해하는 방식이에요.

동물이론의 문제점

내 직관이 옳다면, 그리고 병구와 만식이 서로 몸을 맞바꾸었다면, 동물이론은 옳지 않습니다. 우리는 존재하는 동안 줄곧 동일한 신체에 머물러 있게 되지만, 그것이 반드시 **필연적인** 것은 아니에요. 위의 사례에서 볼 때, 사람을 단지 그들의 신체와 동일시하는 것은 옳지 않아요. 여러분은 마침 어떤 개별적인 몸을 가지고 있게 되었을 뿐이에요. 원리적으로 여러분은 여러분의 몸과 따로 떨어져 있을 수 있습니다.

두뇌이론

동물이론은 거짓인 것 같군요. 그렇다면 동물이론을 살짝 고치면 어떨까요? '개인의 동일성'(personal identity)과 관련된 것은 신체 전체가 아니라, 단지 신체의 일부, 즉 두뇌에 불과하다고 주장한다면 어떨까요? 직관적으로 볼 때 두뇌 맞바꾸기 사례는 이렇게 수정된 이론과 모순되지 않아요. 결국, 두뇌 맞바꾸기의 사례에서 그의 두뇌가 있는 곳에 그 사람도 있기 때문이지요. 그렇다면 여러분은 본질적으로 여러분의 두뇌라는 이론은 아마도 올바른 이론일 겁니다. 이것을 두뇌이론(brain theory)이라고 부르지요.

그런데 두뇌이론을 기꺼이 택하는 철학자는 거의 없어요. 두뇌이론의 가장 명백한 문제점 중 하나는 다음 얘기에서 나옵니다.

두뇌기록기의 사례

두뇌기록기가 있어요. 누군가의 머리에 두뇌기록기를 씌우고 시작 스위치를 눌러보세요. 그러면 두뇌기록기는 그 사람의 두뇌가 어떻게 구성되어 있는지, 즉 뉴런이 어떻게 얽혀 있는지, 화학적으로 어떻게 조성되어 있는지 등을 정확하게 읽어냅니다. 그리고 이 모든 정보는 저장되지요. 그리고 나서 두번째 사람의 머리에 두뇌기록기를 씌우고 스위치를 눌러보세요. 두뇌기록기는 첫번째 두뇌와 정확하게 동일한 방식으로 두번째 두뇌를 재배열할 겁니다. 두번째 두뇌의 뉴런은 첫번째 두뇌의 뉴런과 동일한 방식으로 얽히게 되지요. 또한, 여러 분비기관들은 정확하게 동일한 방식으로 기능하도록 화학적으로 조성됩니다. 이런 일들의 결과, 두번째 몸은 첫번째 몸과 관련된 심리적인 속성들을 가지게 됩니다.

물론 현재까지는 이런 장치가 기술적으로 불가능합니다. 그런데 원리적으로 이러한 기계가 개발될 수 없을 것 같지는 않아요.

이제 병구와 만식의 두뇌를 맞바꾸는 것 대신에, 두뇌기록기를 사용한다고 생각해봅시다. 두뇌기록기를 사용해서 병구의 심리적 속성들을 만식에게, 만식의 심리적 속성들을 병구에게 옮겨놓습니다. 문제는 이것이지요. 결국 병구와 만식은 어디에 있을까요?

이 두뇌기록기를 다른 사람의 머리에 씌우고 'PLAY' 단추를 누른다면 어떻게 될까요?

직관적으로 볼 때, 정답은 병구는 만식의 몸이 있는 곳에 있고, 만식은 병구의 몸이 있는 곳에 있다는 겁니다. 즉 두 사람은 몸을 맞바꾸었지요. 요컨대 만식의 몸을 가지고 있는 사람은 자신을 '병구'라고 생각할 겁니다. 그 사람은 병구의 기억들, 정신적 습관과 약점을 모두 가지고 있을 거예요. 그렇다면 그 사람은 분명히 병구임에 관한 본질적인 모든 것을 가지고 있습니다.

여기서 한 가지 주목할 점은, 병구의 **물리적 신체** 중 어떤 곳도 결코 만식의 몸으로 옮겨지지 않았다는 점입니다. 심지어 **병구의 두뇌**도 만식의 몸으로 옮겨지지 않았지요. 그렇다면 두뇌이론은 옳지 않은 것 같습니다. 따라서 어떤 사람이 자신의 원래 몸과 따로 떨어져 있는 것은 원리적으로 가능하며, 심지어 자신의 원래 두뇌와 따로 떨어져 있는 것도 원리적으로 가능합니다.

철학과 공상과학

이 대목에서 여러분은 철학적 결론을 이끌어내기 위해서 공상과학 이야기를 사용하는 것에 대해 의아해할지도 모르겠어요. 여러분은 아마 이렇게 말하고 싶을 겁니다. "분명히, 그 이야기는 우리에게 아무것도 말할 수 없어요. 요컨대 그 이야기는 **심지어 참도** 아니에요. 어떻게 단지 환상적인 이야기를 지어냄으로써 진정한 철학적 통찰을 얻을 수 있다는 거죠?"

이 문제에 대한 전통적인 답이 있어요(이 답이 적절한지 그렇지 않은지에 대해서는 여러분이 결정하도록 맡겨두겠어요). 철학자로서 우리는 사실적으로 참인 것에 대해서뿐만 아니라, 본질적인 것에 대해서도 관심을 가집니다. 과학자들은 사물이 실제로 어떠한가, 예를 들어 자연법칙이 무엇인가, 물질이 어떻게 배열되어 있는가 등에 대해 탐구하지요. 그렇지만 철학자로서 우리는, 사실적으로 참인 것에 대해서뿐만 아니라, 어떤 경우에도 사실이어야만 하는 것에 대해서도 관심을 가지고 있어요. 우리는 **참인 것을 원리적으로** 입증하고자 합니다.

공상과학 씨나리오를 구성함으로써, 무엇이 참이라는 주장을 원리적으로 검사할 수 있어요. 가령, 각각의 사람은 본질적으로 개별적인 살아 있는 몸이기 때문에, 그 사람과 몸이 분리되는 것은 원리적으로 불가능하다는 철학적 주장에 대해 생각해봅시다. 이 주장을 논박하기 위해서는 그 사람과 몸이 분리되는 것이 **원리적으로** 가능한 상황을 고안해내는 것으로 충분해요. 그러한 상황이 의학적·기술적·과학적으로 가능한지의 여부는 논점과 아무런 관계도 없어요.

흐름이론

우리는 각각의 사람들이 개별적인 신체를 가지고 있지만, 그들의 동일성(identity)은 본질적으로 신체와 밀접한 관계가 있는 것 같지는 않다는 점을 살펴보았습니다. 오히려, 우리 각자는 본질적으로 다양한 심리적 **속성들**과 연관되어 있는 것처럼 보여요. 이런 심리적 속성들은 원리적으로는 이 몸에서 저 몸으로 전달될 수 있어요.

물론, 사람의 심리적 속성은 변할 수 있어요. 기억을 예로 들어봅시다. 기억은 세월이 흐르는 동안 축적되어 쌓일 수 있어요. 그리고 잊어버린 일들도 수없이 많이 생기지요. 사실, 나는 두 살 때의 일에 대해 아무것도 기억할 수 없어요. 나의 성격적 특질과 재능은 그때 이후로 극적으로 변해왔어요. 그러나 나는 두 살 때와 동일한 사람으로 남아 있어요. 왜 그럴까요?

많은 철학자들에 따르면, 지금의 나와 두 살 때의 내가 같은 한 사람인 이유는, 우리가 심리적으로 정확히 닮았기 때문이 아니에요. 사실 우리는 별로 닮지 않았어요. 우리가 같은 사람인 이유는 오히려 **심리적으로 연속적**이기 때문이지요.

심리적 연속성의 예를 살펴보죠. 나는 두 살 때의 일은 전혀 기억하지 못하지만, 열 살 때의 일은 기억할 수 있다고 가정해봅시다. 그리고 열 살 때에는 다섯 살 때의 일을 기억할 수 있었다고 가정해봐요.

다섯 살 때에는 두 살 때의 일을 기억할 수 있었다고 가정해보고요. 그렇다면 지금의 나와 두 살 때의 나를 연결해주는, 부분부분 겹쳐서 이어지는 기억의 연속성이 존재합니다. 심리적으로 나는 두 살 때와 같지 않아요. 그러나 나는 심리적으로 연속적입니다.

심리적 연속성이 개인의 동일성을 결정한다는 이 이론을 **흐름이론**(stream theory)이라고 부릅시다. 우리는 개인의 동일성이 심리적 속성의 흐름에 있는 것으로 봅니다. 이 흐름은 원리적으로는 한 신체에서 다른 신체로 흘러갈 수도 있지요.

물론 나는 사람들이 몸을 맞바꾼다고 주장하는 건 아니에요. 그런 일이 일어났다고도 생각하지 않아요. 단지 흐름이론에 따르면 그런 일이 일어날 **수도 있다**는 거예요.

여러분을 두 명으로 만들기

우리는 지금까지 동물이론이나 두뇌이론보다 더욱 그럴듯해 보이는 흐름이론을 살펴보았어요. 흐름이론은 두뇌 맞바꾸기와 두뇌 이식의 사례에 대해 직관적으로 올바른 답을 제공하기 때문이지요.

그러나 흐름이론에는 잘 알려진 문제가 있어요. 이것을 **이중복제의 문제**(reduplication problem)라고 합니다. 이 문제의 예로 다음과 같은 상상을 해봅시다.

물리적 대상들을 복제할 수 있는 기계가 개발되었다고 가정해봅시다. 이 기계를 **대상복사기**라고 부르죠. 어떤 물체 하나를, 가령 꽃병 하나를 상자A에 넣고 나서, 시작 단추를 눌러보세요. 짧은 순간

'펑' 하는 소리, '번쩍' 하는 빛과 함께 상자B에는 원자 하나하나에 이르기까지 완벽하게 복제된 꽃병이 만들어집니다.

안타깝게도 복제꽃병(이 꽃병은 완전히 새로운 분자들로 구성되지요)을 만드는 과정에서 원래의 꽃병은 순간적으로 증발되어버리고, 상자A의 바닥에는 한줌의 재만 남게 됩니다.

이제 여러분을 상자A에 넣고 시작 단추를 누른다고 가정해봐요. 그 다음에 무슨 일이 일어날까요? 동물이론에 따르면, 여러분은 죽어요. 왜냐하면 여러분과 동일한 것으로 여겨지는 원래의 동물이 분해되어 한 줌의 재가 되어버렸기 때문이죠. 상자B에 만들어진 것은 단지 여러분을 닮은 어떤 사람일 뿐이라는 거죠.

그러나 흐름이론에 따르면 다른 결과가 나타납니다. 그 기계는 여러분을 죽이지 않아요. 그 기계는 여러분을 상자A에서 상자B로 운반할 뿐이에요. 상자B에 나타나는 것은 여러분의 복제에 불과한 게 아니라, 바로 여러분 자신이에요. 그래요. 여러분은 더이상 원래의 신체를 가지고 있지 않아요. 그러나 흐름이론에 따르면 그것은 문제가 되지 않아요. 상자B에 나타난 사람은 올바른 심리적 속성을 모두 가지고 있기 때문에, 그 사람은 바로 여러분이에요. 대상 복사기는 물리적 대상들을 복사하는 데 그치지 않고, 사람들을 운반합니다.

아마 여러분은 위의 사례에서 일어난 일에 대해 다음과 같은 생각이 떠오를 겁니다. 여러분은 상자A에서 상자B로 실제로 운반되지요. 그런데 지금 이 일이 발생했다고 가정해보세요. 그리고 상자C가 덧붙여져서, 하나의 복제신체가 아닌, 두 개의 복제신체가 나타난다고 가정해보세요. 여러분은 상자A에 걸어들어가서 시작 단추를 누릅니다. 여러분은, 어딘가에 있다면, 과연 어디에 있게 될까요?

이제 우리는 하나의 문제에 직면합니다. 흐름이론에 따르면, 이런 미래의 개인들은 모두 여러분과 심리적으로 정확하게 닮았으므로 결국 두 명 모두가 여러분이라는 결론이 나오죠. 그런데 이것은 불가능한 일입니다. 그 까닭은 이렇지요. 그 두 명이 모두 여러분과 동일하다는 점에서 **그들은 또한 서로 동일하다는** 결론이 나와요. 그런데 이 두 명은 결코 서로 동일할 수가 없어요. 왜냐하면 그들은 **두 명**이기 때문이죠.

이것이 이중복제의 문제예요. 그리고 이것은 아마도 흐름이론이 직면하는 가장 심각한 문제가 될 거예요.

**뚝딱뚝딱
생각의 도구**

**두가지 종류의 '동일
성'에 대한 혼란**

철학을 공부하는 학생들은 종종 이 대목에서 혼란을 느낍니다. 그들은 다음과 같은 말을 하지요.

선생님은 먼저 대상복사기가 정확한 복제를 만들어낸다고 하셨어요. 그렇다면 단추를 누른 다음에 나오는 사람들은 정확하게 똑같은 사람이에요. 그들은 물리적으로나 심리적으로나 모든 점에서 똑같아요. 그런데 이제와서 선생님은 이 두 명의 개인들은 동일하지 **않으며**, 그들은 동일한 사람이 아니라고 말하고 있어요. 그 기계에서 나온 두 명의 사람들이 왜 나라고 말할 수 없는지 잘 모르겠어요. 도대체 무엇이 문제죠?

이것은 충분히 느낄 수 있는 혼란입니다. '동일하다'와 '똑같다'라는 표현이 서로 다른 방식으로 사용되기 때문에 이러한 혼동이 일어납니다. 두 개의 쇠공이 만들어졌다고 가정해봅시다. 그리고 두 공은 마지막 원자에 이르기까지 모든 성질이 정확하게 똑같다고 가정해봅시다. 그렇다면 두 공이 '동일하고' '똑같다'는 의미가 분명히 존재하죠. 그러나 두 공이 동일하지 않다는 의미도 또한 존재해요. 왜냐하면 공의 개수는 하나가 아니라 둘이기 때문이지요. 두 공이 **똑같은 하나의 공**일 것을 요구하는 '동일성'의 의미에서는 두 공은 결코 동일하지 않아요. 철학자들은 '동일성'에 대한 이런 두 가지 다른 의미를, 앞의 것은 **질적 동일성**(qualitative identity), 뒤의 것은 **수적 동일성**(numerical identity)으로 구분해요.

이제, 이 글에서 우리의 관심이 **수적 동일성**에 있다는 점은 분명해졌어요. 이 글의 처음에 던진 질문은 이것이지요. 나의 사진첩에서 본 사람들을, 성질의 차이에도 불구하고 **똑같은 한 사람**으로 만드는 것은 무엇인가? 흐름이론이 이 질문에 대한 답이 된다고 가정해보죠. 그렇다면, 사진 속의 사람들이 심리적 속성의 흐름으로 연결된다는 것이 그들이 수적으로 동일하다는 점을 충분히 보장한다고 할 수 있어요. 그런데 흐름이론에 따르면, 상자B와 상자C에서 만들어진 사람들은 단지 질적으로만 동일한 게 아니라, 수적으로도 동일하다는 결론이 나오게 돼요. 물론이 두 명은 수적으로 동일할 수가 없으므로(한 명이 아니라 두 명이므로), 흐름이론은 거짓이라는 결론이 나옵니다.

흐름이론에 덧붙이기

이중복제의 문제는 과연 해결될 수 있을까요? 아마 가능할 겁니다. 몇몇 철학자들은 흐름이론을 옹호하기 위해 약간의 수정만 가하면 된다고 주장해요. 그들에 따르면, 단지 다음 조건을 덧붙이기만 하면 됩니다.

만약 동시에 존재하는, 나중에 생긴 두 명의 개인들이 모두 이전의 개인과 심리적으로 연속적이라면, 나중의 두 개인들은 **모두** 이전의 개인과 수적으로 동일하지 **않다**.

이 조건이 이중복제의 문제를 어떻게 해결할까요? 일단, 대상복사기가 **오직 한** 사람만을 만들어내는 상황에서는, 나중에 생긴 개인들은 상자A에 들어간 사람과 동일하죠. 지금까지는 아무 문제가 없어요. 그렇지만, 만약 **두 명**의 사람들이 만들어진다면, 위의 구절대로라면, 그 두 명이 모두 상자A에 들어간 사람과 동일하지 않다는 결과가 나옵니다. 애초의 사람은 존재하지 않으며, 이제 우리 앞에는 완전히 새로운 두 사람이 나타납니다. 따라서 이중복제의 문제는 해결되지요. 지금 수정된 흐름이론은, 상자에서 걸어나온 두 사람이 같은 한 사람이 아니라는, 너무나 분명한 사실을 올바르게 설명합니다.

이렇게 수정된 형태의 흐름이론을 **수정된 흐름이론**(modified stream theory)이라고 부릅시다. 수정된 흐름이론은 복제문제를 해결하는 것으로 보여요. 그렇다고 해서 문제가 완전히 극복되는 것은 아니에요. 왜냐하면 수정된 흐름이론은 그 자체로 중대한 반직관적인 결과를 만들어내기 때문이에요. 다음 이야기를 통해 이 점을 짚어봅시다.

복제총

미국중앙정보국, 즉 CIA에서 총처럼 생긴 기계를 개발했다고 가정해봅시다. 이 기계는 겨냥하는 대상이 무엇이든 간에 원자 하나에 이르기까지 물리적으로 완벽하게 복제할 수 있어요. 그 총으로 컵을 겨냥하고 나서 방아쇠를 당기면, 순간적으로 그 총에 부착된 상자에서 컵이 실체화되어 나타납니다. 그렇지만, 앞에서 말한 대상복사기와는 달리, 복제총은 복제하는 대상을 **파괴하지는 않아요**. 복제된 것과 원래의 것이 모두 계속해서 존재하는 거죠.

어느날 아침 여러분이 집에서 나오는데, 거리 저편에서 자동차에 타고 있던 CIA요원이 비밀리에 복제총으로 여러분을 겨누고 있다고 가정해봅시다. 그 CIA요원은 방아쇠를 당깁니다. 그 순간, 여러분의 정확한 물리적 복제가 자동차 안에 만들어집니다(물론, 복제된 사람은 어떻게 해서 자동차 안에 있게 되었는지 의아해합니다. 그 사람은 조금 전까지만 해도 자기 집 대문을 잠그고 있었다고 믿지요). 무슨 일이 일어났는지도 모른 채, 여러분의 원래 몸을 가진 사람은 길을 걸어가다가 길모퉁이를 돕니다.

이제 이렇게 물어봅시다. 여러분은, 있다면, 어디에 있을까요?

수정된 흐름이론에 따르면, 그 CIA요원은 복제총으로 여러분을 겨냥하고 방아쇠를 당김으로써 여러분의 존재를 없애버립니다. 왜냐하면 대문을 나선 사람과 정확하게 똑같은 **두 명의 개인들**이 존재하게 되었기 때문이지요. 이 대목에서 방금 흐름이론에 새로 도입된 구절에 따라, 두 개인들이 **모두 여러분으로 간주될 수 없다**는 결과가 나옵니다.

그러나 이것은 분명 옳은 것 같지 않아요. 그렇지 않은가요? 직관적으로, 단지 여러분과 닮기만 한 그 사람이 아니라 길을 걸어 모퉁이를 돌아간 바로 그 사람이 여러분이라는 점은 분명히 옳은 것 같군요. CIA요원이 잠깐 사이에 비밀스럽게 여러분의 복제를 만들어냈다는 것 자체가, 그 사람이 여러분인지 아닌지에 대해 어떻게 영향을 미칠 수 있겠어요? 나는 그게 어떻게 가능한지 모르겠어요. 그런데 수정된 흐름이론은 그것이 가능하다고 하고 있습니다.

이제 약간 다른 씨나리오를 생각해봅시다. 여러분의 복제가 자동차에서 실체화되어 나타난 바로 그 순간에, 바로 옆에 있는 빌딩의 높은 층 창문에서 피아노가 떨어져 여러분을 납작하게 으깨놓았다고 해봅시다. 이제 여러분은 어디에 있나요?

수정된 흐름이론에 따르면, 여러분은 자동차로 옮겨갑니다. 자동차에서 실체화되어 나타난 것은 단지 여러분과 정확하게 닮은 누군가가 아니라, 바로 여러분 자신이에요. 왜냐하면 이 경우에 여러분의 집 대문을 나선 사람과 심리적으로 동일한 사람은 오직 한 명밖에 존재하지 않기 때문이지요.

그런데 다시 이것도 옳은 것 같지 않아요. 분명히 여러분은 죽었어요. 왜냐하면 대문을 나선 그 생물체는 피아노에 깔려 죽었기 때문이지요. 이 사실은, CIA요원이 여러분과 정확하게 닮은 누군가를 자동차 안에 만들어놓았다는 사실로 인해 바뀌지는 않아요.

이런 두 가지 사례는 처음에 등장했던 동물이론을 다시 불러들입니다. 왜냐하면 흐름이론이나 수정된 흐름이론과는 달리, 동물이론은 실제로 두 경우 모두에서 올바른 판단을 내리고 있기 때문이에요. 첫번째 이야기에서, 동일한 동물이 집에서 나와서 길을 걸어 길모퉁이를 돌았으므로, 길모퉁이를 돈 그 동일한 동물이 바로 여러분입니다. 두번째 이야기에서는, 그 동물이 죽었으므로 여러분도 죽습니다. 다른 어느 곳에선가 두번째 복제동물이 생성된다는 사실은 논점과는 아무런 관련도 없지요.

수수께끼

그렇다면 우리는 동시에 두 방향으로 당겨지고 있어요. 한편으로, 두뇌이식과 두뇌기록기의 사례를 고려할 때, 우리의 직관은 개인의 동일성에 관한 한 신체는 아무런 관련이 없다는 결론을 강력하게 지지합니다. 원리적으로 다른 누군가와 신체를 맞바꿀 수도 있다는 말이죠.

그러나 복제총의 사례에서는 반대의 직관이 우세하게 작용합니다. 즉 개개의 신체는 개인의 동일성과 매우 밀접한 관련이 있어요. 만약 여러분이 지금 가지고 있는 신체를 가지고 있지 않다면, 여러분은 존재할 수 없습니다. 기껏해야 **여러분과 꼭 닮은 누군가**가 존재할 뿐이지요.

그렇다면 우리는 어느 방향의 직관을 더 믿어야 할까요? 그리고 그 이유는 무엇일까요? 이게 바로 철학자들이 여전히 씨름하고 있는 문제예요.

다음과 같은 마지막 이야기를 읽어보면, 이 글에서 제기하는 문제가 무엇인지 정확하게 초점을 맞출 수 있을 겁니다. 화자(話者)가 무엇을 해야 하는지를 결정하는 것은 여러분의 몫으로 남겨둡니다.

서기 3222년. 내 이름은 정체성이다. 적어도 나는 내가 존재한다고 생각한다. 그 이유를 설명해보겠다.

탄광회사인 주식회사 기망산업은 3년 전에 원격전송기를 도입했다. 회사는 이 기계를 사용하여 고용인들을 매일 아침 지구에서 여기 라이라이3호성에 있는 일터로, 그리고 저녁에는 다시 일터에서 지구로 '원격이동'시킨다. 만약 라이라이3호성에서 우주선을 타고 지구로 여행한다면 족히 300년은 걸릴 것이다. 원격전송기는 기망산업의 고용인들을 몇분 만에 여기로 옮겨올 수 있도록 하기 위해 개발되었다.

그런데 오늘 기망산업의 비밀이 폭로되었다. 기망산업이 그간 고용인들을 속여왔음이 밝혀졌다. 처음에 경영진은 원격전송기가 엄청난 속도로 우주를 가로질러 고용인들의 신체를 라이라이3호성으로 급송함으로써, 고용인들을 운반한다고 발표했다. 그런데 그들은 거짓말을 했다. 실제로는 다음과 같은 일이 일어난다. 여러분은 아침에 지구에서 일어나 원격전송기에 걸어들어간다. 그 기계는 여러분의 신체를 스캔해서 그것이 정확하게 어떻게 구성되어 있는지를 기록한다. 이 정보는 여기 라이라이3호성에 전달되고, 이어 원자 하나에 이르기까지 완벽하게 복제된 신체가 만들어진다. 그때 여러분의 원래의 신체는 순간적으로 소각되어버린다. 라이라이3호성에서 걸어나오는 사람은 지구에서 기계 안으로 걸어들어간 사람과 모든 점에서 정확하게 똑같다. 그러나 그 사람은 완전히 새로운 신체를 가지고 있다.

오늘 아침 원격전송기가 실제로 어떻게 작동되는지에 대해 처음 들었을 때, 나는 별로 크게 걱정하지는 않았다. '원격전송기를 이용할 때마다 나는 새로운 몸을 얻어. 그래서 어떻다는 거야? 아무도 죽지 않았잖아. 원래의 내 몸에 대해 감상적인 기분이 들 수도 있겠지. 그렇지만 원래의 내 몸이 소각되어버렸다고 해서 무슨 큰 문제가 돼? 중요한 것은 내가 살아 있다는 거지. 안 그래? 사실, 기망산업이 인정하지 않았다면, 나는 내 몸이 줄곧 대체되어왔다는 사실을 알아차리지조차 못했을 거야.'

그런데 다음 순간 불안한 생각이 엄습해왔다. 그럼 나는 정체성인가? 아마 아닐지도 몰라. 나는 오늘 아침 원격전송기에서 걸어나온 뒤부터 비로소 존재하기 시작했어. 아마 정체성은 3년 전에 원격전송기에 처음 들어갔을 때 소각되었을 거야. 나는 그저 정체성을 꼭 **닮은** 누군가에 불과할지도 몰라. 아마도 단순히 정체성을 닮은 일련의 사람들이 원격전송기에 의해 계속 만들어졌고 또 죽어왔는지 모를 일이야. 만약 그렇다면, 정체성의 부인은 3년 전에 이미 과부가 되어버렸는데, 그 사실을 알지 못하고 있을 뿐이야. 나는 사실 정체성의 부인을 만나본 적도 없어. 부인에 대한 내 기억은 오직 죽은 사람의 기억일 뿐이야.

기망산업은 여기 라이라이3호성에 있는 모든 고용인들에게 원격전송기를 이용해 지구로 돌아가는 마지막 '귀환'여행을 선택할 수 있다고 발표했다. 사실, 그것만이 집으로 돌아갈 수 있는 유일한 방법이다. 우주선을 타고 돌아간다면, 300년은 걸릴 것이고 그때쯤이면 우리는 모두 죽을 것이다.

나는 부인이 그리워. 아이들도 보고 싶어. 그 아이들이 내 자식이라면 말이야. 그러나 나는 죽고 싶지 않아. 그렇다면 어떻게 해야 할까? 저기에 있는 원격전송기에 들어가서 빨간 단추를 눌러버릴까? 만약 그렇게 한다면 지구로 돌아갈 수 있을까? 아니면 죽게 될까? 지구에 나타나서 사랑스러운 가족들에게 돌아가는 것은 과연 나일까? 아니면 나는 태워 없어지고, 단지 나를 꼭 닮은 누군가가 나를 대체해버린 걸까?

당신이라면 어떻게 하겠는가?

생각 넓히기

● 마음에 관한 다른 철학적 문제들은 제1권의 6장, 8장, 제2권의
1장에서 살펴볼 수 있어요.

제11장

기적과 초자연적 현상

11

어느 시대에나 기적과 초자연적 현상에 대해 보고되고 있어요. 오늘날에도 기적을 목격한 사람은 부지기수로 많지요. 대부분의 사람들은 기적적인 일을 목격했다고 주장하는 사람들을 알고 있어요. 그 사람들은 귀신이 나타났다거나, 무언가를 강하게 예언하는 꿈을 생생하게 꾸었다거나, 물체가 스스로 움직이는 것처럼 보였다거나 하는 등의 경험을 했다고 증언합니다. 그 증언들을 뒷받침하는 엄청난 양의 증거들을 볼 때, 여러분은 그 증언과 관련된 **무엇인가**가 있을 거라고 생각할 수도 있어요.

과연 있을까요? 이 글에서는 기적에 관한 데이비드 흄(David Hume, 1711~76)의 핵심 논증 중 일부를 소개합니다.

점쟁이를 찾아가다

순돌은 점을 보고 왔어요.

순돌⌐ 관심보살님은 진짜 용한 역술가야.

한결⌐ 그걸 어떻게 알아?

순돌⌐ 음. 우선, 수없이 많은 고객들이 만족한다고 증언하고 있어. 관심보살님의 방에는 감사편지가 수백통도 더 쌓여 있어.

한결 ̄ 귀가 얇은 바보들의 증언은 아니고?

순돌 ̄ 그렇게 함부로 무시하지 마. 좀더 열린 마음을 가질 순 없니? 역술가나 심령술사의 놀라운 능력들, 기적의 치료사들, 그리고 다른 초자연적인 현상들에 관한 **수많은** 증거가 있어.

'기적이 일어나다'라는 뜻

사실 한결이 앞으로 지적하는 것처럼, 적어도 어떤 의미에서는 '기적이 일어나다'라는 말에 동의할 수 있어요.

한결 ̄ 나도 기적이 일어날 수 있고 또 일어난다는 점을 부인하지는 않아.

순돌 ̄ 정말이니?

한결 ̄ 그래. 왜냐하면 우연의 **일치**로 일어나는 일들이 있기 때문이야.

순돌 ̄ 무슨 뜻이니?

한결 ̄ 예를 하나 들어볼게. 복권이 100만장 발행되었고, 모두 다른 사람에게 팔렸다고 생각해봐. 우리 친구 연우가 이 중 한 장을 샀고 우연히 당첨되었어. 연우의 관점에서는 이 일은 어떤 의미에서 '기적'이야. 연우가 당첨될 **가능성은 거의 없었어.** 연우가 당첨될 확률은 1/100만이었지. 연우는 엄청난 행운의 주인공이야. 그러나 연우의 당첨은 이런 의미에서는 '기적'이지만, 그렇다고 다른 설명이 필요하지는 않아. **초자연적인** 설명 같은 것은 전혀 필요없어. 요컨대 **누군가는** 당첨되어야 하거든.

한결의 지적이 옳아요. 이런 의미에서 연우에게 '기적'이 일어난 것은 초자연적 현상에 대해 가장 회의적으로 생각하는 사람들조차도 인정할 수 있지요.

순돌 ─ 알았어. 그런데 요점이 뭐니?

한결 ─ 수십억명의 사람들이 복권을 사지. 그러므로 그들 중 누군가는 엄청난 행운을 거머쥘 수밖에 없어. 다시 말하면, 우리는 누군가가 복권에 당첨되는 것을 반드시 기대해야만 해.

순돌 ─ 무슨 말을 하려는지 아직 잘 모르겠는데.

한결 ─ 좋아. 예를 들어볼게. 한 어린아이가 철로에서 놀고 있는데, 기차가 와서 곧 아이가 있는 곳을 지나가게 될 거라고 생각해봐. 그 아이는 틀림없이 기차에 치여 죽을 것 같아. 그런데 그 아이의 바로 앞에 있는 철로에 결함이 있었어. 그 결과 기차의 방향이 마지막 순간에 옆쪽으로 바뀌었어. 우리는 의심할 나위 없이 그 아이의 생존이 '기적적'이라고 말할 거야. 이때 말하는 '기적'이란 그 아이가 엄청나게 운이 좋아서 죽지 않았다는 걸 의미해.

순돌 ─ 물론 그래.

한결 ─ 따라서 어떤 의미에서는 '기적'이 일어났어.

순돌 ─ 그런데 그 아이의 부모가 그 이상의 주장을 하고 싶어한다면 어떨까? 그들은 모종의 초자연적인 행위자(아마도 신)가 그 아이를 구하기 위해 개입한 것이 틀림없다고 주장한다고 생각해봐. 그 상황에서 부모가 그렇게 믿는 것은 합리적인 게 아닐까?

한결 ─ 아니. 합리석이지 않아. 어떤 기적이 발생하는 것은 확률적으로 거의 확실해. 사실, 그런 일들이 가끔씩 일어나지 **않는다**면, 그것이야말로 **정말** 이상한 일이 되겠지. 발생할 가능성이 아주 적은 사건들이 일어났다는 사실이 곧 신이나 초자연적인 것이 개입했을 거라는 믿음을 뒷받침하는 근거가 되지는 않아.

우리는 확률이 극히 작은 일들이 가끔씩 실제로 일어난다는 보고들, 특히 매우 정확한 보고들을 실제로 기대해야만 합니다. 이런 점에서 한결의 지적은 옳아요.

초자연적 기적들

그런데 앞으로 순돌이 지적하는 것처럼, 기적에 대한 보고들을 단지 "우연의 일치로 일어난다"라는 말로 치부해버릴 수만은 없어요.

순돌 ― 좋아. 일어날 가능성이 거의 없는 뜻밖의 일이 일어난다는 의미에서 "기적이 일어난다"라고 할 수 있어. 나도 그 점에는 동의해. 그런데 일어날 가능성이 거의 없다는 뜻에서가 아니라, 자연법칙 아래에서는 실제로 **일어날 수 없는** 사건에 대한 증언이 수도 없이 많아.
한결 ― 예를 들면?
순돌 ― 많은 사람들이 최근 미국에 있는 교회의 예배시간에 일어난 몇가지 아주 신기한 사건들에 대해 보고했어. 사람들의 입 속에 있는 아말감 치아충전재가 저절로 황금으로 변했다는 거야!

그런 일은 단지 일어날 가능성이 거의 없는 사건이 아니라, 일어날 수 없는 사건이야. **자연법칙**에 따르면 아말감 충전재가 저절로 황금으로 변하는 건 불가능한 일이야.

순돌이 옳아요. 이 사례는 한결이 제시한 철로의 경우와는 다르지요. 왜냐하면 그 사람들이 목격했다고 주장하는 사건은 단지 우연의 결과로 치부할 수 없기 때문이에요.

순돌 ̄ 이 사람들이 본 것에 대해 가장 그럴듯하게 설명할 수 있는 게 뭐겠니? 자연법칙을 **뒤엎어버리는** 어떤 초자연적인 현상이 배후에서 일어났다는 거야. 그것이 바로 내가 말하는 '기적'이야. 자연적인 질서 '너머'에 있는 어떤 것이 개입해서 사태의 추이에 영향을 미치고 일어날 일들을 변경하는 거야.

기적의 매혹

순돌이 말하는 종류의 사건들에 대한 수많은 증언은 초자연적인 기적이 일어난다고 가정할 만한 좋은 근거가 될까요? (지금부터 '기적'은 단지 초자연적인 사건만을 의미합니다.) 한결은 여전히 그렇지 않다고 생각해요.

한결 ̄ 단지 일어날 가능성이 적은 사건들이 아니라, 자연법칙 하에서는 실제로 일어날 수 없는 일에 대한 수많은 보고가 있어. 나도 그 점은 인정해. 오래 전에 죽은 친지를 보았다고 보고하기도 하고, 유체이탈을 경험했다고 보고하기도 해. 역술가나 심령술사는 모종의 초자연적 능력만이 밝혀낼 수 있는 것들을 알고 있는 것처럼 보여. 그러나 그 모든 증언들을 수상히 여겨야만 할 좋은 근거가 있어.

순돌 ̄ 무슨 근거?

한결 ̄ 인간의 심리에 관한 거야. 우리는 우리 자신이 초자연적인 이야기들에 끌리고 있는 걸 알아. 어떤 시대나 문화에도 환상적 존재와 초자연적 사건에 대한 신화와 전설이 있어. 대부분의 대중적 영화와 텔레비전쇼에서는 계속해서 초자연적인 주제를 다루고 있어. 우리는 귀를 쫑긋 세우고 그 이야기들을 듣고 **싶어**하고 믿고 싶어해.

기적에 관한 가장 유명한 논의 중 하나는 데이비드 흄의 『인간 오성의 탐구』에서 찾아볼 수 있어요. 흄은 기적이 일어나는 데 대해 매우 회의적이에요. 흄의 논의는 한결이 방금 밝혔던 것과 거의 동일한 요점을 담고 있지요.

기적에 관한 이야기를 들으면 **놀람**과 **경이**의 정서들이 일어난다. 이 유쾌한 감정에는 이것을 유발하는 기적적인 사건에 대한 믿음을 갖도록 하는 강한 경향성이 있다. 그리고 이런 경향은 계속 퍼져나가서, 이런 즐거움을 직접적으로 즐길 수 없거나 기적적인 사건에 대한 말을 들었을 때 믿지 못하는 사람들이, 간접적으로 혹은 떠도는 말을 통해서 만족감을 느끼고 다른 사람들의 감탄을 유발하는 것에 자랑스러움과 기쁨을 느끼는 것을 좋아하게 만든다.

기적과 초자연적 현상

여행자들이 기적에 관해 이야기할 때, 즉 바다와 땅의 괴물에 관해 묘사하고 환상적인 모험과 이상한 사람들과 미지의 풍습에 관해 이야기할 때, 사람들은 얼마나 열중하며 듣고 있는가!

▲ Hume, David, *An Enquiry Concerning Human Understanding*(1777), Section X, Part II, 93면.

흄은 또한 사람들이 그러한 보고들을 퍼뜨리는 데 대해 **강한 개인적인 관심**을 가지고 있다고 지적합니다. 때로는 경제적인 동기도 작용하지요. 눈물을 흘리는 조각상과 기적의 치료에 대한 보고를 담게 되면, 신문이 잘 팔리고 텔레비전프로그램은 높은 시청률을 기록합니다. 대중매체들은 그런 보고를 가장 우호적인 관점에서 조명하여 제시하는 데 큰 관심을 가지고 있어요. 대중매체들은 그 보고를 신빙성있게 만드는 것에만 초점을 맞추고 그렇지 않은 것은 무시하지요. 초자연적인 것을 다루는 텔레비전쇼는, '균형잡힌' 시각을 전달하는 것을 목적으로 하면서도, 역술가나 심령술사와의 인터뷰, 그리고 과학적으로 밝혀낼 수 없는 사건에 대한 목격으로 대부분 구성되어 있으며, 초자연적인 현상으로 추정되는 사건을 극적으로 재구성하여 방영합니다.

철학자 흄은 초자연적 현상에 대한 우리의 믿음에 회의주의의 칼을 들이댑니다. 그의 이런 지적에는 설득력이 있어요. 사실 우리는 여행가들의 이야기에 귀를 기울이곤 하잖아요?

속임수

우리가 기적에 관한 보고를 조심스럽게 다루어야만 하는 또다른 이유가 있어요. 초자연적인 현상에 대해 쉽게 매혹된다는 점을 감안하면, 수많은 사기꾼들이 이익을 챙기는 것은 놀라운 일이 아님니다. 사람들이 기적을 목격하고 있다고 착각하게 만들기 위해 쉽게 익힐 수 있는 속임수들이 수없이 많이 이용되지요. 이 속임수의 수를 감안한다면, 엄청나게 많은 거짓보고들이 있을 것으로 여겨야만 합니다.

점쟁이의 기술

순돌의 점쟁이가 가지고 있는 겉보기에 기적적인 능력은 어떤가요? 그 점쟁이가 무시무시할 정도로 정확하게 예언한다는 점은, 틀림없이 어떤 초자연적인 능력을 소유하고 있음을 보여주는 게 아닐까요? 순돌은 점쟁이가 초자연적인 수단에 의하지 않고서는 도저히 알 수 없는, 자신에 관한 모든 일을 '안다'고 주장해요.

순돌⌐ 관심보살님은 우리 삼촌 이름이 '만수'라는 걸 알았어. 또 우리 삼촌이 심장발작으로 돌아가셨고, 허리디스크가 있다는 것도 알았어. 그러나 나는 아무것도 알려주지 않았어. 단 한마디도 말이야. 그건 어떻게 설명할래?
한결⌐ 음. 내가 설명할 수 있다고 생각하지는 않아. 그렇지만 설명해야 할 필요가 있다고 생각하지도 않아. 그 일에 대해 다시 한 번 생각해봐. 실제로 관심보살이 너에 대한 그런 내용을 모두 알았니? 실제로 벌어진 일을 말해봐.

실제로 벌어진 일은 다음과 같아요.

관심보살⎯ 자, 시작할 준비가 되었느니라. 이제 내가 한번 보겠어. 어허~. 신령이 느껴지는구나.

순돌⎯ 관심보살님, 뭐가 보이세요?

관심보살⎯ 이름이 보여. 이름이. 만…… 음, 민……

순돌⎯ 만수! 작년에 돌아가신 우리 삼촌 이름인데!

관심보살⎯ 그래. 만수야, 만수. 만수는 아주 가까운 친척일 게야.

이 단편적인 대화는 점쟁이나 심령술사가 일상적으로 고객에게 자신의 능력을 확신시키는 방법들 중 몇가지를 보여줍니다. 다음과 같은 점에 주목하세요.

- 그 점쟁이는 이름 중 한 자씩만을 두 번 말합니다. '만'이나 '민' 자가 들어가는 이름은 상당히 흔하지요. 아무에게나 이름 중에 '만'이나 '민' 자가 들어가는 사람을 알고 있는지 물어본다면, 알고 있다는 대답이 나올 가능성이 상당히 높지요. 심지어 순돌이 '만' 자가 들어가는 이름을 가진 사람을 알고 있지 않다고 해도, 그 점쟁이는 여전히 다음과 같이 말할 수 있어요. "'만' 자를 가진 귀인이 나타날 테니 맞이할 준비를 해야 해! 1년이나 2년 안이야!" 아니면 점쟁이는 순돌이 전혀 모르는 만수라는 사람이 순돌의 인생에 모종의 영향을 끼치게 될 거라고 주장할 수도 있고요.
- 점쟁이는 만수가 죽었다는 말을 하지 않았어요. 순돌이 그 정보를 점쟁이에게 제공했지요. 사실, 순돌이 '만'이나 '민' 자가 들어 있는 이름을 가진 생존한 사람을 알고 있다고 해도, 점쟁이는 여전히 용하게도 잘 '맞혔을' 거예요. 아마도 점괘가 '만'이

나 '민' 자를 가진 사람과 관계있다고 말할 겁니다.

- 점쟁이는 만수가 순돌의 친척이라고 말한 적이 없어요. 그의 삼
촌이라는 것은 더더욱 말한 적이 없지요. 이번에도 순돌이 모
든 정보를 제공했어요.

상담은 계속됩니다.

관심보살⌐ 어허~. 여기에 마가 끼었어. 마가! (자신의 몸통 가운
데를 가리킵니다.)
순돌⌐ 예! 맞아요. 삼촌은 심장발작으로 돌아가셨어요.

점쟁이는 만수가 심장발작으로 죽었다는 말을 하지 않았다는 점
에 주목하세요. 점쟁이들은 종종 죽은 사람의 몸통에 문제가 있다
고 주장해요. 사실, 거의 대부분의 죽은 사람들은 몸통의 어떤 기관
에 문제가 있어서 죽지요(특히 대개의 경우 심장에 문제가 있지
요). 심지어 머리나 팔다리에서 발병한 암조차 복부기관에 전이됨
으로써 죽음을 초래하기도 하지요. 만약 만수라는 사람이 머리에
총을 맞아 죽었다고 해도, 그의 몸통 어딘가에 **어떤 종류**의 문제가
있기만 했어도(예를 들어 악성 소화불량으로 이따금씩 고통받기만
했어도), 그 점쟁이는 **여전히** 용하게 잘 '맞혔을' 겁니다.

관심보살⌐ 등에 문제가 있었나?
순돌⌐ 와! 맞아요. 삼촌은 허리디스크가 있었어요.

점쟁이는 만수라는 사람이 허리디스크가 있었다고 말하지 않았

다는 점에 주목하세요. 순돌이 그 정보를 제공했지요. 사실, 점쟁이는 만수라는 사람의 등에 문제가 있었다고 주장하지도 않았어요. 그저 그랬냐고 **물어보았을** 뿐이에요. 따라서 점쟁이의 질문에 대한 대답이 "아니오"라고 해도, 점쟁이는 틀렸다는 비난을 받을 필요가 없어요. 그런데 거의 대부분의 사람들이 등 쪽 어디엔가는 문제를 가지고 있기 때문에, 점쟁이가 용하게도 잘 '맞혔다'고 생각하게 될 확률은 상당히 높아요.

그렇다면 순돌은 점쟁이가 자신의 삼촌인 만수라는 사람이 허리 디스크가 있었고 심장발작으로 죽었다는 점을 알았다고 **생각할 수** 도 있겠지만, 사실 그 점쟁이는 그런 일을 전혀 알고 있지 않았어요.

점쟁이나 심령술사는 자신들이 초자연적 능력을 가지고 있다는 환상을 불러일으키기 위해 이런 수많은 기술을 일상적으로 사용하고 있어요. 그들은 어떤 주장을 하기보다는 질문을 던지는 경향이 있지요. 그리고 대다수의 사람들에게 적용될 수 있는 종류의 일에 대하여 모호하고 일반적인 용어로 말하는 경향이 있어요. 모든 사람들은 직업을 바꾸려고 생각하고 있는 누군가를 알고 있어요. 모든 부모들은 자식들과 종종 사이가 틀어져 있지요. 모든 사람들은 가까운 친척과 어떤 문제를 가지고 있어요. 상세한 정보는 언제나 그리고 부지불식간에 고객들이 제공해줍니다.

점쟁이나 심령술사가 위험을 감수하면서 애매하지 않고 분명한 주장을 할 때조차, 그들에게 유리하게 작용하는 강력한 증거로 뒷받침되는 기제(機制)들이 여전히 존재해요. 우리는 일상에서 벗어나 있고 기적적인 일에 쉽게 매혹됩니다. 이런 까닭에 점쟁이와 심령술사가 한 주장 중 '맞히지 못한' 것은 쉽게 잊어버리고, 오직 '맞힌' 경우에만 초점을 맞추는 경향이 강하게 나타나요. 여러분은 섬

쟁이나 심령술사가 여러분의 나이를 정확히 맞혔다는 한 가지 사실에 큰 인상을 받아서, 그들이 맞히지 못했던 다른 열 가지 일을 죄다 잊어버리기가 쉽지요.

나는 모든 점쟁이와 심령술사의 기술에 고의적인 속임수가 있는 건 아니라는 점을 강조해야겠어요. 많은 점쟁이와 심령술사가 스스로를 진정한 점쟁이 혹은 진정한 심령술사로 믿는다는 점은 의심의 여지가 없지요. 그들은 **의도적으로** 속이려 하지는 않아요. 그렇지만 그들은 속이고 있어요.▲

▲ 이 글에 나오는 점쟁이와 심령술사가 우리와 자신을 어떻게 속이는지에 관한 사례 중 일부는 회의주의연구회(the Association for Skeptical Enquiry)의 토니 요엔스(Tony Youens)가 제공한 예를 각색했어요. 더 많은 정보를 알기 위해서는 http://www.aske.org.uk를 참고하세요. 덧붙여 말하자면, 토니는 정기적으로 행사를 열어 자신이 심령술적 능력을 가지고 있는지 그렇지 않은지를 대중들에게 판단해보도록 합니다. 토니는 대개 사람들을 속이는 데 성공하지요.

뚝딱뚝딱 생각의 도구

똑똑한 한스

우리는 부지불식간에 행동에서 나타나는 극히 미묘한 변화를 통해 어떤 정보를 제공합니다. 인간과 다른 생물체들은 사람의 행동에서 그런 미묘한 변화를 읽어내도록 학습할 수 있어요. 이에 대한 가장 극적인 사례는 **똑똑한 한스**(clever Hans)라는 말〔馬〕에 관한 것입니다. 1888년에 한스의 주인은 한스에게 수학을 가르치기 시작했어요. 많은 공을 들인 끝에, 한스는 마침내 수학문제에 대해 발굽을 가볍게 두드림으로써 답을 할 수 있게 되었지요. 예를 들어, 누군가가 "16의 제곱근이 무엇이니?" 하고 물으면, 한스는 발굽을 네 번 가볍게 두드릴 겁니다. 한스는 조련사가 없는 곳에서도 그 일을 잘 해냈어요. 고의적인 속임수는 없었지요. 한스의 주인은 자기 말이 실제로 수학적 계산을 할 수 있다고 믿었어요.

똑똑한 한스는 세계적으로 유명해졌어요. 한스의 능력은 과학자와 대중들을 모두 당황하게 만들었지요. 마침내 한 젊은 심리학자가 나타나서 비밀을 풀었어요. 그는 한스가 문제의 정답을 전혀 모르는 사람이 던진 문제도 잘 풀 수 있는지에 대해 검사했어요. 그 결과 한스가 풀 수 없다는 점이 밝혀졌지요. 한스는 발굽을 두드리면서 질문한 사람의 행동에서 극히 감지하기 어려운 변화를 읽고 있었어요. 질문한 사람의 무의식적 행동에서 나타나는 단서들이 언제 그만두어야 할지를 말해주면 발을 두드리는 것을 그만두었어요. 답을 모르는 사람은 한스에게 적절한 단서를 제공할 수 없었고, 따라서 한스는 수학적 능력을 잃어버리게 되었어요. 결국 그 단서들은 밝혀졌어요. 만약 말이 무의식적으로 주어지는 미묘한 신호를 읽어내는 것을 배울 수 있다면, 점쟁이나 심령술사 역시 할 수 있을 겁니다. 이들이 사용하는 기술 중 하나는 이와같은 (잠재적으로 나타나기만 해도 좋은) 행동적 단서를 읽어내는 겁니다. 초자연적인 것은 털끝만큼도 없지요.

$$\sqrt{16} = ?$$

한스는 이렇게 생각했을 거예요.
'16의 제곱근이 뭐냐고요? 난 그보다
당신의 반응에 관심이 있어요.'

최면술

거짓 기적들이 단지 속임수를 통해서만 만들어지는 건 아니에요. 우리는 최면적 암시의 힘에 관해 흄보다 훨씬 많이 알고 있어요. 최면은 잘 이해할 수 있는 현상은 아니지만, 전적으로 자연적인 현상이에요. 최면기술을 사용해서 사람들로 하여금 자신이 목격하고 있지도 않은 것을 목격하고 있다고 믿게 만들 수 있어요. 무대에 나온 최면술사들은 사람들에게 우스꽝스러운 것들을 믿게 만들지요. 예를 들어, 사람들이 텔레비전쇼에 출연하고 있다고 믿게 만들거나, 하늘 위를 날아다니고 있다고 믿게 만듭니다. 최면술은 또 놀라운 생리적 효과들을 만들어낼 수도 있어요. 예를 들어, 어떤 사람에게 화상을 입었다고 믿도록 최면을 걸면, 그의 팔에 물집이 생기기도 합니다. 최면은 더 미묘한 방식으로도 사용될 수 있어요. 일반적으로, 한 무리의 수많은 사람들이 기적적인 어떤 것을 목격했다고 주장하는 경우, 대부분은 힌두교사원이나 교회, 또는 그밖의 종교적 장소에서 일어납니다. 그 장소에서는 찬송과 촛불과 향과 음악 등이 한데 어우러져 신앙인들이 쉽게 고도로 자기암시적인 상태 또는 최면상태로 유도된다는 점이 밝혀졌어요. 최면의 마력을 가진 지도자들은 어렵지 않게 대중들이 기적을 보고 있다고 믿게 만들 수 있을 겁니다. 우리는 수백명의 사람들이 한꺼번에, 가령 슈퍼마켓 같은 데서 기적을 목격했다는 소식을 들어본 적은 거의 없지요.

자기기만과 암시의 힘

사람들이 자기기만에 빠지기 쉽다는 점은 잘 알려져 있어요. 우리는 이러한 사실을 바탕으로 초자연적 현상에 관한 증언들을 설명할 수 있어요. 아말감 치아충전재가 저절로 황금으로 변했다고 보고하는 신앙인들에 관해 순돌이 말한 걸 생각해봅시다. 아마도 실제로 일어났던 일은 다음과 같을 겁니다. 어떤 집회참석자가 그날 아침 치과에 다녀온 후 아말감충전재로 치아교정을 받았다고 믿고 집회에 참석했어요. 그런데 그 자신은 몰랐지만, 약간의 혼동이 있었고, 실제로는 금으로 된 치아충전재로 교정을 받았어요. 그 참석자는 다른 사람에게 새로운 충전재를 보여주었고, 그 충전재가 '황금으로 변했다'는 점이 발견된 거죠. 다른 참석자들이 그 '기적'에 대해 듣기 시작하면서 사람들은 몹시 흥분하게 됩니다. 그들은 서로의 입 안을 살펴보기 시작하지요. 더욱 많은 황금충전재가 발견되고, 그럴수록 점차 극도의 흥분이 발생합니다. 교회 안은 꽤 어두워서, 그다지 분명하게 충전재를 볼 수 없어요. 아마 실내등도 노란색의 색조를 띠고 있을 겁니다. 사실 이 지점에서 사람들은 황금색을 지닌 충전재를 '보아야' 한다는 심리적 압박을 매우 강하게 느낄 거예요. 왜냐하면 만약 치아충전재가 아말감이라고 말한다면, 친구들이 극히 실망할 것임을 잘 알기 때문이죠. 또 그렇게 말한다면, 친구들이 기적의 충전재 중 하나를 받기에 '충분할 정도로 굉장히 훌륭한' 것은 아니라고 암시하는 꼴이 될 거예요. 따라서 사람들은 황금충전재를 '봅니다.' 정확하게 말해서 그들이 거짓말을 하는 건 아니에요. 오히려 사람들이 강력하게 보고 싶어하고 또한 보기를 기대하는 것에 일치하게끔, 그들 자신의 지각을 무의식적으로 약간 손질한 것입니다. 일종의 자기기만에 빠진 거죠.

나는 이런 일이 실제로 일어났다고 주장하는 건 물론 아니에요. 그러나 이것은 분명히 불합리하지는 않아요.

그것이 무엇이든 간에 강하게 보고 싶어하거나 기대할 경우, 실제로 그것을 '보게' 되는 경향이 있다는 점은 실제로 보고된 바가 많아요. 비행접시에 대해 최초로 보고된 것은 1947년이에요. 조종사 케너스 아널드(Kenneth Arnold)는 아홉 개의 비행물체들을 보았다고 보고했어요. 그리고 신문에서는 즉각 '비행접시'에 대해 보도했지요. 그러나 불행하게도, 놀라움과 흥분으로 가장 중요한 정보가 누락되었어요. 아널드는 실제로 접시를 보았다고 보고하지는 않았어요. 사실, 아널드는 그 물체들이 **부메랑**처럼 생겼으며, '여러분이 접시를 물 위로 가로질러 튀길 때 날아가는 것처럼' 날아갔다고 보고했어요. 그러나 미확인비행물체, 즉 UFO에 관한 보고서들은 그때 이후로 접시라는 주제에 사로잡혀왔어요. 외계인 방문자들이 1947년 이후로 우연하게도 비행선을 부메랑에서 접시모양으로 바꾸었거나, 그게 아니라면 그후 수천건에 달하는 접시에 관한 보고는 암시의 결과일 겁니다.

한결은 다음과 같이 결론내립니다. 기적의 발생에 관한 수많은 증언들은, 기적이 일어나지 않는다고 해도 어쨌든 우리가 기대해야만 하는 일이라구요.

한결⎯ 겉보기에 불가능한 일들이 일어난다는 보고가 많이 있다는 점은 그렇게 놀라운 일은 아니야. 우리가 초자연적인 현상에 너무나 쉽게 매혹되고, 그 사건들이 속임수, 최면, 자기기만, 암시의 힘 등으로 손쉽게 만들어질 수 있다는 점을 감안했을 때, 그러한 보고들이 존재한다는 점은 정확하게 우리가 기대할 수 있는 일이야. **그것이 바로 점쟁이에 관한 네 증언까지 포함해서 내가 이런 증언들을 거부하는 이유야.** 나는 냉소적인 것도 아니고 마음이 좁은 것도 아니야.

기적과 신

흄은 기적이 신의 존재를 뒷받침하는 좋은 증거가 된다는 주장에 특별한 관심이 있었어요. 예를 들어, 예수가 수많은 기적, 눈먼 사람을 볼 수 있게 만들고 죽은 사람을 일으켜세우는 등의 기적을 행했다고 전해지고 있어요. 심지어 오늘날에도 종교적인 기적에 관해 정기적으로 보고되고 있어요. 이러한 보고는 신이 존재한다는 믿음에 대한 좋은 근거를 제공할까요?

흄은 그렇지 않다고 생각했어요. 흄은 수많은 종교가 존재하는데, 그 종교는 모두 제각각 나름대로의 기적을 가지고 있다고 지적합니다. 각 종교에서 내세우는 주장은 다른 종교에서 내세우는 주장과 상충되기 때문에, 그 종교 모두가 참일 수는 없어요(가령, 어떤 종교에서는 수백의 신들이 존재한다고 하고, 다른 종교에서는 오직 한 신만이 존재한다고 주장하죠). 그런데 각 종교는 그들이 호소할 수 있는 나름의 기적만을 가지고 있기 때문에, 이 기적들은 각각의 종교를 지지할 수 없다는 결론이 나옵니다.

다음과 같은 의문점이 제기될 수도 있어요. 만약 신에게 기적을 일으키는 버릇이 있다면, 왜 대부분 그렇게 시시한 예만을 보여줄까요? 치아충전재를 금으로 만든다거나 조각상이 눈물을 흘리게 만들기보다는, 차라리 암치료제를 주거나 기근이 발생하는 곳에서 식량을 만들어내는 게 더 낫지 않을까요? 만약 전지전능한 신이 기적을 만들어내는 걸 정말 좋아한다면, 신은 자신이 만든 것으로 여겨질 시시콜콜한 공연물 같은 류의 기적을 만들어내느라 애쓰지는 않을 겁니다.

일어날 가능성이 극히 적은 뜻밖의 사건들은 종종 신이 개입했다는 증거로 인용되곤 하지요. 철로의 결함 때문에 목숨을 건진 어린이의 부모가 신이 개입했을 거라고 믿는 것은 충분히 이해가 가요. 그러나 우리는 그런 우연의 일치가 때때로 일어난다는 점을 알아야만 합니다. 행복한 우연의 일치가 있는 만큼 불행한 우연의 일치도 있다는 점을 알아야만 하지요. 왜냐하면 마지막 순간에 옆철로로 방향을 돌린 안전한 기차가 있다면, 노선을 바꿈으로써 수많은 사람들을 향해 치달아 끔찍한 일을 벌이게 될 기차도 있기 때문이지요. 일관되게 생각한다면, 앞의 우연의 일치를 사랑으로 가득차고 자비로운 신의 존재에 대한 증거로 간주한다면, 마찬가지로뒤의 우연의 일치를 냉혹하고 악의적인 신의 존재에 대한 증거로간주해야만 해요. 물론 우리는 그렇게 생각하지는 않아요.

기적에 관한 흄의 논증

한결은 기적에 관한 자신의 입장을 요약합니다.

순돌 ― 나는 여전히 네가 기적에 관한 모든 증언을 너무 조급하게 거부한다고 생각해.
한결 ― 좋아. 이렇게 설명해볼게. 꽤 믿을 만한 친구가 있다고 해봐. 이 친구가 내게 초자연적인 사건을 목격했다고 말했어. 돌아가신 어머니께서 몇초간 자기집 거실 가운데에 나타난 것을 보았다고 말이야. 이제 나는 두 가지 가설을 수립해서 따져봐야 해.첫번째 가설은 내 친구가 거짓말을 하고 있거나, 아니면 어떤 속임수나 최면이나 자기기만이나 착각 등을 통해 속고 있다는 거야. 두번째 가설은 그러한 초자연적인 사건이 실제로 일어났다는 거야. 이해하겠니?

순돌 ― 그래.

한결 ― 그렇다면 나는 어느 쪽의 증거들이 더 우세한지 따져봐야 해. 그래서 어느 가설이 참일 가능성이 더 높은지를 가려내야 해. 내가 보기에는, 그 친구가 속이고 있거나 아니면 속고 있을 가능성이, 실제로 초자연적인 사건이 발생했을 가능성보다 같거나 더 크다는 점이 분명해.

순돌 ― 왜?

한결 ― 그 까닭은 다음과 같아. 한편에서는, 우리는 세계가 자연법칙에 의해 지배된다는 매우 강력한 증거를 가지고 있어. 자연법칙은 죽은 이가 산 사람들이 사는 집 거실에 저절로 나타나는 것을 **허용하지 않아**. 그럼에도 불구하고 사람들이 이런 종류의 일이 일어나기를 매우 강하게 원하고 있고, 사람들이 거짓말을 한다는 강력한 증거들을 가지고 있어. 그리고 때때로 그런 류의 일에 대해 우리를 **쉽게 속이는** 수많은 기제들이 존재한다는 증거들도 있어. 또다른 한편에서는 내 친구의 증언이 있어.

순돌 ― 알겠어. 네가 그런 방식으로 설명한다면, 네 친구의 증언이 믿을 만하지 않다는 쪽이 증거상으로 볼 때 우세하겠지.

한결 ― 정확하게 맞았어. 틀림없이 내 친구는 생생한 꿈을 꾸었거나 아니면 정신적 쇠약증상을 앓고 있을 거야. 우리는 이러한 종류의 일이 흔히 일어난다는 점을 잘 알아. 너도 그렇게 생각하니?

순돌 ― 그렇게 생각해.

한결 ― 합리적 관점에서 본다면, 내 진구의 증언이 이 경우에서는 믿을 만하지 않다는 거야.

한결이 지금까지 제시한 것은, 기적에 관한 증언을 인정하는 것에 반대하는 흄의 주요한 논증 중의 하나예요.

누군가 내게 죽은 사람이 부활하는 것을 보았다고 말할 때, 나는 즉각 이렇게 생각해본다. 과연 그 사람이 속이고 있거나 속임을 당하고 있을 가능성이 클까, 아니면 그 사람이 이야기한 것이 실제로 일어났을 가능성이 클까? 나는 앞쪽의 기적과 뒤쪽의 기적을 비교해본다. 그 우위에 따라 내 결정을 표명하자면, 나는 언제나 더 큰 기적(즉 뒤쪽의 기적)을 거부한다. 그의 증언이 허위라는 것이 그 사람이 이야기하는 사건이 실제로 일어나는 것보다 더 큰 기적이라면(즉 그 사람이 속이거나 속임을 당하고 있을 가능성이 매우 희박하다면), 그후에는 나는 그의 증언대로 기적을 믿을 것이지만, 그 이전에는 결코 기적을 믿지 않을 것이다. ▲

▲Hume, David, *An Enquiry Concerning Human Understanding* (1777), Section X, Part I, 91면. 인용문의 마지막 문장은 옮긴이가 의역한 것이에요. 원문은 다음과 같아요. If the falsehood of his testimony would be more miraculous that the event which he relates; then, and not till then, can he pretend to command my belief or opinion.

흄이 지적한 것처럼, 우리가 이용할 수 있는 증거는 언제나 그 사람이 속이고 있거나 속임을 당하고 있다는 결론을 강력하게 뒷받침하기 때문에, 우리는 이 결론을 믿는 것이 합리적입니다.

한결 ― 다시 반복하겠지만, 나는 냉소적인 것도 마음이 좁은 것도 아니야. 또한 기적이 일어나는 게 **불가능하다**고 말하는 것도 아니야. 아마 기적은 일어나겠지. 내가 말하는 요점은 기적에 대한 믿음을 뒷받침하기 위해 필요한 종류의 증거가 전혀 없다는 거야. 나는 합리적인 사람들이라면 누구나 그래야 하는 것처럼,

내 믿음을 이용 가능한 증거와 일치시키고 있을 뿐이야.

순돌⎯그러나 단지 **그** 한 사람만이 초자연적인 사건에 대해 증언한 건 아니야. 그러한 증언은 **무수히 많아**.

한결⎯비록 초자연적인 사건이 발생하지 않는다고 해도 그러한 증언들이 나타나는 건 충분히 기대할 만한 일이야. 우리는 또한 자연이 엄밀한 법칙에 의해 지배된다는 가설을 뒷받침하는 상당한 증거들을 가지고 있어. 자연을 지배하는 엄밀한 법칙은 초자연적인 사건이 발생하는 것을 허용하지 않아. 그렇다면 그런 회의적 태도를 취하는 게 더욱 **합리적인 태도** 아니겠니?

순돌은 아직도 패배를 인정하려 하지 않습니다.

순돌⎯좋아. 단지 이용 가능한 증언을 근거로 기적이 일어난다고 믿는 것은 합리적이지 않아. 인정해. 그렇지만 나는 그 증언에 **의존해야 할 필요가 없어**. 왜냐하면 나 **스스로** 점쟁이의 기적적인 능력을 목격했기 때문이야. 그 점쟁이는 나에 대한 정보를 놀라울 정도로 정확하게 알아냈어. 그 정보는 초자연적인 능력을 행사하지 않는다면 도저히 알아낼 수 없었어. 따라서 내가 **스스로 경험한 걸** 믿는 것은 정당화되지 않겠니?

한결⎯아니. 네 믿음은 정당화되지 않아. 너는 원한다면 그 점쟁이가 초자연적인 능력을 가지고 있다는 믿음을 택할 수도 있어. 그러나 너의 믿음은 정당화되지도 않고 합리적이지도 않아. 다시 한번 말하지만, 어느 쪽이 더 가능성이 높을지 생각해봐! 한편으로 너는 어떤 방식으로 속임을 당하고, 최면에 걸리고, 자기기만에 빠져 있을 수 있어. 다른 한편으로 점쟁이는 실제로 기적

적인 능력을 소유하고 있어. 사람은 그런 능력을 가지고 있지 않
다는 무수한 증거들을 감안해볼 때, 그리고 점쟁이는 사람들을
속이기 위해 일상적으로 많은 기술을 사용한다는 점을 감안해볼
때, 그것에 대해 회의적으로 생각하는 게 **합리적이야.**

생각 모으기

한결이 옳을까요? 나는 한결이 옳다고 믿어요. 그래요. 기적이
일어날 **가능성도** 있어요. 사실, 나는 오히려 기적이 실제로 일어난
다고 믿고 싶어요. 그러나 나는 지금까지 기적이 일어난다는 믿음
을 합리적인 믿음으로 만들기 위해 필요한 증거를 전혀 보지 못했
어요. 일반적으로 알려진 것처럼, 초자연적 현상에 관한 수많은 증
언들이 존재해요. 그러나 한발만 뒤로 물러나서 냉정하게 검토해보
면, 그 증거들은 분별있는 믿음을 만들기 위해 필요한 기준에 턱없
이 모자란다는 점이 밝혀질 겁니다.

생각 넓히기

●이 글은 신의 존재에 관한 논증, 즉 '기적으로부터의 논증'
 (argument from miracles)을 포함하고 있어요. 신의 존재에 관
 한 다른 논증들은 제1권의 1장과 7장에서 찾아볼 수 있어요.

제12장

일상생활에서 범하는 여덟 가지 오류

12

추론의 오류는 추론에서 실수하는 것을 말합니다. 논증을 사용하는 것, 즉 논리적 사고의 전개는 철학자의 주요 도구입니다. 물론 우리는 일상생활에서도 논리적 사고에 의존합니다. 따라서 논리적 실수를 할 때 그것을 발견해내는 것이 매우 중요합니다.

이 글에서는 일상생활에서 흔히 범하는 여덟 가지 오류를 찾아낼 수 있도록 도움을 줄 것입니다(이 오류는 여러분이 심심찮게 범하는 오류이지요).

1. 선후관계를 인과관계로 보는 오류
(미신을 믿는 사람들이 범하는 오류)

이번 시험을 생각하면 앞이 캄캄했다. 그런데 여자친구가 걱정 말라면서 행운을 가져다주는 행운의 부적을 사주었다. 부적을 가지고 시험장에 갔다. 그리고 첫번째 시험을 통과했다. 오옷! 행운의 부적은 효험이 있다! 그래서 나는 그 부적을 가지고 앞으로 남은 모든 시험을 치를 것이다. 남은 시험들 역시 통과하겠지!

이것은 '선후관계를 인과관계로 보는 오류'(post hoc fallacy)[*]의 한 예입니다. 두 가지 예를 더 보죠.

● 이 오류의 정확한 명칭은 'fallacy of *post hoc ergo propter hoc*'예요(이탤릭체는 라틴어이고요, 뜻은 '이것 다음에 그러므로 이것 때문에'랍니다). 사건들의 선후관계를 인과관계로 오인하는 오류를 말합니다. 대표적인 예로 '까마귀 날자 배 떨어진다'[烏飛梨落]라는 속담을 들 수 있어요. 까마귀가 날고 나서 배가 떨어졌다고 해서, 까마귀가 난 사건이 배가 떨어진 사건의 원인이라고 말할 수 없지요. 두 사건 사이에 아무런 인과적 연결도 없는데, 공교롭게도 두 사건이 연이어 일어났을 수도 있기 때문이지요.

246

- 순돌이 믿고 따르는 점쟁이 관심보살은 순돌이 에베레스트산을 등정할 때 행운의 주문을 빌어주겠다고 말했다. 순돌은 등정에 성공했다. 오옷! 관심보살은 정말로 기적의 능력을 가지고 있다! 이제부터 순돌은 산을 오를 때마다 관심보살에게 행운의 주문을 빌어달라고 부탁할 작정이다.

- 지방세가 올랐다. 그리고 범죄도 늘었다. 그렇다면 지방세 인상은 범죄 증가의 원인이다. 지방세를 결코 올려서는 안된다!

위의 예들을 모두 검토해보면, 다음과 같은 점을 알게 됩니다. 한 사건 다음에 다른 사건이 일어났으므로 틀림없이 첫번째 사건은 두번째 사건의 원인이라고 추정하고 있어요.

이것은 분명히 잘못된 추론이에요. 일반적으로 한 사건에 이어 다른 사건이 뒤따른다고 해서 그 두 사건 사이에 어떤 인과관계가 있는 건 아닙니다. 내가 전기밥통의 전원을 켰을 때, 바로 그 순간 어떤 혜성이 목성과 충돌했다고 해보죠. 내가 혜성의 충돌원인을 제공했나요? 천만의 말씀이죠.

물론, 연이어 일어난 두 사건 사이에 인과적 연결이 있을 수도 있어요. 지방세 인상이 실제로 범죄율 증가의 원인이 될 수도 있어요. 관심보살이 순돌의 성공적인 등정의 원인일지도 몰라요. 그러나 요점은, 일회적인 관찰만으로는 첫번째 사건이 두번째 사건의 원인이라고 주장할 만한 **정당한 근거가 되지**

일상생활에서 범하는 여덟 가지 오류

않는다는 거예요.

교훈은 바로 이거예요. **결론으로 비약하지 말라!** 한 사건이 일어나자마자 즉각 다음 사건이 일어났다는 점은, 두 사건이 인과적으로 연결되어 있는지를 탐구하기 위한 하나의 근거가 될 수는 있어요. 그러나 그 자체만으로는 결코, 어떤 인과적 연결이 존재한다는 믿음을 합리적으로 만들지 않아요.

불행하게도, 미신을 믿는 사람들은 선후를 인과로 보는 오류를 쉽게 범하는 경향이 있어요. 그래서 사기꾼들이 쉽게 이익을 취할 수 있고 실제로 이익을 얻기도 하지요. 누군가가 당신의 가게에서 행운의 부적을 사자마자, 복권에 당첨되었다는 소식을 전파해보세요. 곧 당신의 가게 앞에서 행운의 부적을 사기 위해 길게 줄지어 있는 순진한 손님들을 발견하게 될 겁니다.

2. 권위로부터의 논증
   (유명인이 등장하는 광고에서 즐겨쓰는 수법)

- "나는 이제 완벽한 여자친구를 찾게 될 거야." "그걸 어떻게 아니?" "응. 내가 아주 용한 인터넷 운세싸이트에서 오늘의 운세를 봤거든. 운세에 그렇게 나와 있었어."

- "'꽃을 든 여자' 미용팩은 정말 최고로 효과적인 미용제품이야." "어떻게 알았는데?" "유명한 연예인들은 죄다 그걸 쓰고 있어. 최고로 예쁜 여배우이자 최고의 인기가수인 장나리도 그걸 써. 홈쇼핑방송에서 그 제품 광고도 하고 있어."

- "유전공학은 항상 도덕적으로 옳지 않기 때문에 결코 활용되어

서는 안돼.""왜 그렇게 믿고 있니?""김박사님께서 그렇게 말
씀하셨기 때문이야.""김박사가 윤리학과 유전자기술에 대한
전문가니?""아니, 그분은 수학박사님이셔."

- "내 생각으로는, X상품이 다른 상품들보다 모든 점에서 훨씬
  좋아.""왜?""왜냐하면 그 제품을 만드는 회사에서 일하는 과
  학자들이 그렇게 말했거든."

때때로 어떤 것을 믿을 때, 그것
에 관한 권위자들이 참이라고 말하
기 때문에 그것을 믿는 게 정당화되
곤 해요. 만약 저명한 화학교수가 물이
가득 찬 그릇에 칼슘을 붓지 말라고 경고
한다면, 나는 그의 충고를 따를 겁니다.

그러나 '권위로부터의 논증'(argument
from authority) 또는 '권위에 대한 호
소'(appeal to authority)는 종종 오류를
범하기도 해요.

처음의 두 예에서 '권위자'들은 상당히 의심스러워
요. 왜 유명연예인 한 명이 다른 사람들보다 '꽃을 든 여자' 미용팩
의 효능을 반드시 더 잘 알고 있다는 걸까요?

세번째 예에서는, 김박사가 권위자이긴 하지만 유전공학과 관련
된 권위자는 아니에요. 따라서 유전공학의 윤리성에 대한 그의 견
해가 다른 사람들의 견해보다 더 믿을 만하다고 가정할 만한 아무
런 근거가 없어요.

네번째 예에서는, 문제의 권위자는 편견을 가지고 있을 수 있어

요. 특정회사에서 근무하는 과학자들이 그 제품에 대한 편견없는 조언을 해줄 것이라는 점을 도대체 어느 정도나 믿을 수 있겠어요?

'권위'에 호소할 때, 여러분은 다음과 같은 가정이 제대로 보증되는지를 먼저 확인해야만 해요. 즉 문제의 주제에 관한 권위자인가, 동일한 주제에 대해 반대견해를 가지고 있는 다른 권위자는 많지 않는가, 그 권위자는 문제가 될 정도의 편견을 가지고 있지는 않은가? 그리고 나서야 비로소 문제의 권위자에 대한 여러분의 신뢰가 합당해집니다.

3. 미끄러운 비탈길(구두쇠가 즐겨쓰는 수법)

만약 내가 오늘 네게 1만원을 빌려주면, 내일은 2만원, 그 다음에는 10만원을 빌려주게 될 거야. 머지않아 너는 나에게 1,000만원을 빚지게 될 거야!

이것은 '미끄러운 비탈길의 오류' (slippery slope fallacy)의 한 예입니다. 우리가 어떤 것에서 다른 어떤 것이 피할 수 없이 뒤따라온다고 주장하면서, 어떤 것에서 다른 것으로 '미끄러짐'이 일어날 가능성이 매우 높다는 가정에 대해 아무런 정당화도 제시하지 않을 때, 이러한 오류가 발생합니다. 일반적으로, '미끄러짐'에는 수많은 중간단계가 포함되어 있어요. 다음 예는 이러한 오류를 범하고 있을까요?

만약 오늘 사람들이 아기의 성별을 선택할 수 있도록 허용한다면, 내일은 아기의 눈색깔과 머리색깔을 선택할 수 있도록 허용해야 할 것이다. 그렇다면 머지않아 '맞춤아기'를 허용해야만 할 것이다.

정답은 '그렇다'예요. 단, 우리가 '미끄러짐'의 중간단계에서 멈출 수도 없고 멈추지도 않을 거라는 가정에 대해 아무런 근거를 제시하지 않을 경우, 우리는 오류를 범하는 거죠.

4. 거짓 딜레마(판매원이 즐겨쓰는 수법)

다음과 같은 형식의 논증은 매우 흔해요.

A 또는(아니면) B이다. A가 아니다. 그러므로 B이다.

이건 완벽하게 타당한 형식의 논증이에요. 다음 예를 봅시다.

짱구는 자동차 운전면허증을 가지고 있거나, 아니면 짱구에게는 자동차 운전이 허용되지 않는다. 짱구는 자동차 운전면허증을 가지고 있지 않다. 그러므로 짱구에게는 자동차 운전이 허용되지 않는다.

한편, 다음 논증은 받아들일 수 없어요.

1+1=5 또는 2+1=5이다. 그런데 1+1=5는 사실이 아니다. 그러므로 2+1=5이다.

왜 받아들일 수 없을까요? 왜냐하면 첫번째 논증과는 달리, '또는(아니면)'의 양쪽에 제시된 선택지들이 둘 다 거짓일 수 있기 때문이에요. 사람들은 종종 이런 논증을 구성하면서, 다른 선택지들이 존재할 수도 있다는 점을 명시하지 않아요. 다음 예에서도 이런 오류를 범하고 있어요.

우리가 복지혜택을 줄이든지, 아니면 정부가 좌경화되든지 할 것이다. 우리는 정부가 좌경화되게 할 수 없다. 그러므로 우리는 복지혜택을 줄여야 한다.

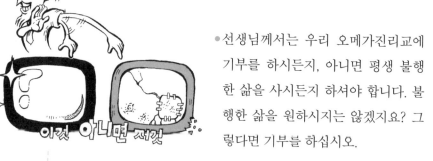

이 경우에는 언급되지 않은 다른 선택지들이 있을 수도 있어요. 가령, 세금인상 같은 다른 선택지가 있을 수도 있지요. 판매원들은 이런 '거짓 딜레마'(false dilemma)를 이용해 고객들을 재촉함으로써 그들이 좋지 않은 결정을 하도록 유도합니다.

●선생님께서는 우리 오메가진리교에 기부를 하시든지, 아니면 평생 불행한 삶을 사시든지 하셔야 합니다. 불행한 삶을 원하시지는 않겠지요? 그렇다면 기부를 하십시오.

• 고객님께서는 이 맹품와이드비전을 구입하셔서 완벽한 가성용 극장씨스템을 구축하시든지, 아니면 중고품으로 그럭저럭 참고 지내시든지 하셔야 합니다. 그런데 고객님께서는 정말로 중고품으로 그럭저럭 참고 지내시기를 원하십니까? 제 생각에는 그렇지 않을 것 같습니다. 따라서 다른 선택의 여지가 없습니다. 이 맹품와이드비전을 구입하셔야 합니다.

판매원들이 여러분에게 피할 수 없는 '또는(아니면)' 결정을 제안하는 것처럼 보일 때는 일단 조심하세요. 판매원들은 두 번에 한 번 꼴로 거짓 딜레마를 사용하고 있어요.

5. 입증하려고만 함(정치인이 즐겨쓰는 수법)

내가 여러분에게 카드 네 장을 보여준다고 합시다. 각 카드의 한 면에는 문자가, 다른 면에는 숫자가 하나씩 적혀 있어요. 'E' 'F' '2' '5'가 보이네요.

이제 여러분에게 다음 규칙이 제대로 지켜지고 있는지를 검사해보라고 하겠습니다. 규칙은 '카드의 한 면에 모음이 씌어져 있으면 다른 면에는 짝수가 씌어져 있다'예요. 이 규칙을 제대로 지키고 있는지 확인하기 위해 위의 카드 중에서 반드시 뒤집어보아야 할 카드를 선택해보세요. 잠시 생각해보세요. 아마도 상당히 많은 사람들이 E와 2가 씌어

진 카드를 뒤집어보아야 한다고 생각했을 겁니다. 그런데, 그건 정답이 아니에요. 그러나 **대부분의 사람들**은 E와 2가 씌어진 카드를 살펴봐야 한다고 믿어요(실은 처음 이 검사를 했을 때 나도 그랬어요).

그렇다면 어느 카드를 뒤집어보아야 할까요? 정답은 E와 5가 씌어진 카드입니다. 왜 그럴까요?

여러분은 E카드를 뒤집어서 그 뒷면에 짝수가 적혀 있는지를 점검해보아야 합니다. 만약 짝수가 없다면, 가설은 거짓이지요. 또 5카드를 뒤집어서 그 뒷면에 모음이 나오지 않는지를 점검해볼 필요가 있어요. 만약 모음이 나왔다면, 가설은 거짓이에요. E카드의 뒷면에 짝수가 씌어져 있고, 5카드의 뒷면에 모음이 씌어져 있지 않다면, 가설은 참이에요. F카드와 2카드의 뒷면에 무엇이 적혀 있는지는 문제가 되지 않아요.

그렇다면 우리는 왜 헤매게 되었을까요? 왜 5카드가 아니라 2카드를 뒤집어보려 할까요? 우리는 **가설을 반증하기보다는 입증하려는 타고난 경향성**을 가지고 있는 것 같아요. 우리가 2카드를 뒤집어보는 까닭은, 가설에 대한 부정적인 증거가 아니라 긍정적인 증거만을 찾으려 하기 때문이에요. 반증하는 증거를 찾는 게 훨씬 효과적인 경우조차, 입증하는 증거를 찾으려는 경향이 있어요. 이러한 경향으로 인해 심각한 문제에 빠지기도 하죠. 다른 예를 한번 봅시다.

지방세를 줄임으로써 범죄율을 떨어뜨릴 수 있다고 믿는 정치가가 있어요. 그래서 그는 조사원들을 동원해 지방세가 줄고 범죄율이 떨어진 지역에 관한 사례를 조사했어요. 조사원들은 100가지 사례를 찾았어요. 따라서 정치가는 지방세를 줄임으로써 범죄율을 떨어뜨릴 수 있다는 자신의 가정이 정당화된다고 결론을 내립니다.

정치가는 그 가설에 대한 반증에는 관심이 없고 오직 입증에만

● 심리학자들은 선택과제 실험을 통해 사람들이 조건을 표현하는 문장을 합리적으로 처리하는지 검사해봤어요. 실험자는 조건문으로 표현된 규칙을 준 후, 피실험자들이 규칙과 관련된 결정적인 정보를 선택하도록 요구합니다. 대표적인 실험이 바로 지금 소개된 '웨이슨 선택과제'(Wason Selection Task) 실험입니다. 이 실험결과, 46%의 피실험자가 E카드와 2카드를 선택했고, 오직 4%만이 올바른 카드를 선택했어요. 사람들이 조건문장을 비합리적으로 처리하는 경향이 있다는 이 사실은 사람들의 자연적 추론능력에 한계가 있음을 보여주고 있다고 해석할 수 있겠죠.

매달리고 있어요. 이 때문에 잘못된 결론을 내리게 됩니다. 만약 조사원들이 좀더 수고한다면, 지방세가 줄어들고 난 이후 범죄율이 더 올라간 200가지 사례를 찾아낼 수도 있었을 테지요.

우리는 다음과 같은 교훈을 얻을 수 있겠군요. 가설을 검사할 때, 입증하는 증거만 찾지 말고, 반드시 반증하는 증거를 찾아야 한다는 거죠.

흥! 내 주장을 입증하기만 하면 돼!

6. 도박사의 오류

먼저 '도박사의 오류'(gambler's fallacy)에 관한 두 가지 예를 살펴보지요. 자칭 도박도사, 도박박사라는 얼빠진 두 친구의 이야기입니다.

도사 ㅡ 야! 너 또 하냐?

박사 ㅡ 응. 지난 1년 동안 줄곧 했는데 아직까지 한 번도 당첨되어본 적이 없어.

도사 ㅡ 그런데 왜 계속 하냐?

박사 ㅡ 아직까지 한 번도 당첨되지 않았으니까, 가까운 시일 내에 틀림없이 당첨되게 되어 있어.

박사 ㅡ 어이! 지난주에는 경마에서 좀 땄냐?

도사 ㅡ 말도 마라. 묻지마에 세 번 걸었는데, 글쎄 이 녀석이 매번 순위권 밖이야.

박사 ̄ 그럼, 이제 다시는 묻지마에 걸지 않겠네. 그렇지?

도사 ̄ 무슨 소리야? 무조건 묻지마에 다시 걸어야지. 지금까지
의 경주에서 묻지마의 기록을 보면, 50%의 승률로 순위권에 들
었어. 지난 세 번의 경주에서 모두 순위권 밖이었으니까, 형평을
맞추려면 다음 세 번의 경주에서는 **틀림없이** 순위권에 들어야만
한다는 결론이 나와. 이제 묻지마는 승률 100%라니까!

위의 두 사례에서 두 사람은 사건 A가 일어날 확률을 어떤 기간
동안에 성립하는 것으로 간주하고 있어요. 그래서 그들은 그 기간
중 첫 시기에 사건 A가 일어난 경우의 수가 확률적인 기대치보다
훨씬 낮았기 때문에 나머지기간 동안 사
건 A가 일어날 확률이 반드시 매우 높을
거라고 결론을 내리고 있어요. 장기간에
걸쳐 '형평을 맞추기 위해' 사건 A가 일
어날 확률이 단기간 동안에 높아질 거라고
예측하고 있지요.

도박사의 오류는 다른 방식으로도
일어나지요. 사건 A가 실제로 일어난 경우
의 수가 확률적인 기대치보다 높은 경우에, '형평
을 맞추기' 위해 사건 A가 일어날 확률이 단기간 동안
에 낮아질 거라고 가정하는 사람도 있을 겁니다.

도사 ̄ 야! 나도 복권 한번 해볼까?

박사 ̄ 좋아. 무슨 번호를 찍을 거니?

도사 ̄ 음. 가만 있어봐라. 최근 들어 빈번하게 등상한 번호가 25,

37, 40이네. 그렇다면 이 번호들은 피해서 골라봐야겠어. 이 번호들은 최근에 많이 나왔으니까, 틀림없이 앞으로 꽤 한참 동안은 나오지 않을 거야.

도박사의 오류는 아주 흔하게 나타나요. 복권판매점 주위에서 몇분만 기다려보세요. 오래지 않아 자기들은 이제 당첨되게 되어 있다는 둥, 지난주의 당첨번호와 같은 번호를 고르는 실수를 범하지는 않을 거라는 둥의 말을 듣게 될 겁니다.

물론, 지금까지 일어났던 일은 일말의 영향도 미치지 않아요. 복권추첨에서 특정한 하나의 숫자조합이 당첨될 확률은 정확하게 동일해요. 즉 대한민국에서 로또복권 한 게임으로 1등에 당첨될 확률은 1/8,145,000이에요.

나는 최근, 영국 텔레비전에서 재미있는 장면을 하나 봤어요. 한 뉴스리포터가 이 오류를 범하고 있었던 거예요. 어느 부부가 매주 복권게임에서 동일한 번호들을 선택해왔는데, 그 번호들이 나타난 바로 그 주에는 복권 사는 것을 그만 잊어버렸어요. 그 부부는 망연자실했으나 앞으로도 계속 같은 번호들을 선택할 거라고 말했지요. 리포터는, 그 부부는 슬프게도 이제 다시는 그 번호로 당첨될 것 같지 않다고 결론을 내렸습니다.

7. 순환적 정당화('선결문제 요구의 오류'라고도 함)

순돌─ 관심보살님은 정말 믿을 만한 정보만을 주시는 분이야.
한결─ 어떻게 그걸 아니?

순돌⎺ 관심보살님께서 그렇게 말씀하셨어.

영희⎺ 신은 반드시 존재해.

철이⎺ 왜?

영희⎺ 『성경』에 그렇게 씌어져 있어.

철이⎺ 『성경』이 믿을 만하다는 걸 어떻게 아니?

영희⎺ 왜냐하면 『성경』은 신의 말씀이거든.

뚜비⎺ 보라돌이는 정직해

나나⎺ 그걸 어떻게 알아?

뚜비⎺ 바람돌이가 그렇게 말했어.

나나⎺ 그럼, 바람돌이가 정직하다는 건 어떻게 알아?

뚜비⎺ 버섯돌이가 그렇게 말했어.

나나⎺ 그럼, 버섯돌이가 정직하다는 건 어떻게 알아?

뚜비⎺ 보라돌이가 그렇게 말했어.

이 친구 참 좋은 녀석이죠!

저 의견을 '강추'합니다.

오류7

이 정당화사례들은 순환에 빠져 있어요. 각 경우에서 정당화 되기로 되어 있는 주장이 참이라는 점이, 실제로는 그 정당화에 의해 가정되고 있지요. 이러한 순환적 정당화(circular justification) 또는 선결문제 요구의 오류(begging the question)는 받아들일 수 없어요. 어떤 주장을 단지 그것이 참이라고 가정함으로써 정당화할 수는 없습니다.

8. 후건긍정의 오류

다음과 같은 논증을 살펴봅시다.

> 만약 내가 사람이라면, 나는 죽는다. 나는 사람이다. 그러므로 나는 죽는다.

이 논증에서 잘못된 것은 전혀 없어요. 전제가 두 가지 있고, 두 가지 전제 모두 참이지요. 그리고 결론이 타당하게 도출되었어요. 이제 다음과 같은 논증을 살펴보죠.

- 만약 두리가 행복하다면, 두리는 축구를 하고 있다. 두리는 축구를 하고 있다. 그러므로 두리는 행복하다.
- 만약 내가 미달보다 키가 크다면, 미달은 키가 작다. 미달은 키가 작다. 그러므로 나는 미달보다 키가 크다.

이 논증들은 받아들일 수 있을까요? 재미있는 사실은, 논리학 훈련을 받지 않은 사람들을 대상으로 한 연구자료에 따르면, 2/3가 넘는 사람들이 이런 형식의 논증들을 받아들일 수 있다고 믿었어요. 각 논증은 위의 첫번째 논증(만약 내가 사람이라면 〔…〕 나는 죽는다)과 유사해 보이지만, 중요한 점에서 전혀 달라요. 첫번째 논증은 다음과 같은 형식을 띠고 있어요.

> 만약 A라면, B이다. A이다. 그러므로 B이다.

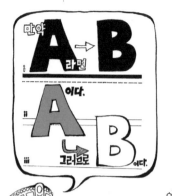

논리적인 결함이 있는 논증은 다음과 같은 형식을 띠고 있지요.

만약 A라면, B이다. B이다. 그러므로 A이다.

이것은 **후건긍정의 오류**(fallacy of affirming the consequent)*라고 알려져 있어요. 구체적인 예를 들어볼게요. 결점이 있는 논증 중 첫번째 사례를 다시 봅시다. 만약 두리가 행복하다면, 두리가 축구를 하고 있다는 건 참이에요. 축구는 두리를 행복하게 해주는 유일한 것이지요. 그런데 그렇다고 해서 두리가 축구를 하고 있다면, 그는 행복하다는 결론이 나올까요? 전혀 아니지요. 왜냐하면 두리가 오직 축구를 할 때만 행복할 수 있다고 해도, 두리가 축구를 하고 있을 **때조차** 이따금씩 불행할 수도 있기 때문이에요.

이제 마지막으로 후건(後件)긍정의 오류를 범하는 철학적 예를 두 가지만 더 살펴봅시다.

- 만약 신이 존재한다면, 세계에는 선(善, 좋음)이 있을 것이다. 세계에는 선(善, 좋음)이 있다. 그러므로 신은 존재한다.
- 만약 다른 사람들이 고통을 느낀다면, 그들은 다칠 때 소리를 지를 것이다. 다른 사람들

이것은 제대로 된 삼단논법입니다.

● 조건문 '만약 A라면, B이다'에서 A를 전건(antecedent)이라고 하고, B를 후건(consequent)이라고 합니다.

그러나 이건 억지추론이지요.

후건 긍정의 오류.

오류8

은 다칠 때 소리를 지른다. 그러므로 다른 사람들은 고통을
느낀다.

제13장

일곱 가지 역설

13

이 글에서는 가장 유명하고, 사람을 끄는 매력이 있으면서도 동시에 사람을 화나게 만드는 역설 중에서 일곱 가지를 소개합니다. 이 글에 나오는 모든 예들은 겉보기에는 매우 그럴듯하게 논증이 전개되었는데, 결론은 받아들일 수 없는 것처럼 보이는 형식을 띠고 있어요. 아마도 이 역설들을 보면서 쩔쩔매는 자신을 발견하게 될 겁니다. 왜냐하면, 결론에 도저히 수긍할 수 없는데도 그 결론을 이끌어낸 추론에서 잘못된 점을 찾을 수 없기 때문이지요.

여러분이 과연 다음의 일곱 가지 예에 대한 해결책을 생각해낼 수 있을지 한번 알아보세요. 그러나 명심하세요. 세계에서 가장 위대한 지성들 중 여러 사람이 시도했으나 실패했다는 점을요. 사실, 첫번째 역설은 '코스의 필레타스'(Philetas of Kos)●를 요절시킨 원인이 되었다고 전해지고 있어요.

많은 독자들은 그저 재미삼아 일곱 가지 예를 맛보는 정도에 만족할 겁니다. 그들은 호기심으로 즐기고 있지요. 또 몇몇 사람들은 좀더 깊이있게 생각해보고 싶어할 겁니다. 나는 뒤쪽 사람들을 위해 이 글 끄트머리에 몇가지 힌트와 논평을 덧붙여놓았습니다.

● 소크라테스의 헌신적인 제자 에우클레이데스(Eukleides)의 제자인 에우빌레이데스(Eubyleides)는 여러가지 역설로 유명해요. 거짓말쟁이의 역설이 특히 유명하죠. 코스의 시인 필레타스는 이 역설을 풀기 위해 고민하다가 너무나 쇠약해져서 바람에 날아가지 않도록 신발 속에 납덩이를 넣고 다녔다고 해요. 그의 묘비에는 이런 비문이 적혀 있답니다. "오 이 방인이여, 나 코스의 필레타스는 바로 거짓말쟁이에 의해 죽었노라. 힘겨운 밤들이 내 영혼을 죽였노라."

역설 1: 참말을 하면서 거짓말을 하는 사람

어느날 한 나그네가 길을 걷다가 길가에 앉아 담배를 피우고 있는 할아버지를 만났어요.

"여보게. 자네가 오늘 만나는 첫번째 사람이 자네에게 하는 말은 참말이 아니네." 할아버지가 말했지요. "내 말을 믿어. 첫번째 사람이 하는 말은 거짓말이야."

"알았어요." 나그네가 대답했어요. "그런데 잠깐만요. **할아버지가 제가 오늘 만난 첫번째 사람인데요.**"

"바로 그거야!" 할아버지가 말했어요.

여러분은 여기에서 뭔가 재미있는 일이 벌어지고 있음을 발견했을 겁니다. 만약 할아버지가 참말을 했다면, 할아버지가 처음에 한 말은 참이 아니에요. 그런데 할아버지가 처음에 한 말이 참이 아니라면, 할아버지가 처음에 한 말은 참이지요.

이것은 유명한 **거짓말쟁이의 역설**(liar paradox)의 한 형태예요. 이 역설은 이미 2,000년 전에 고대 그리스에서 최초로 명확하게 제시되었지요.

나그네는 자신이 역설에서 빠져나올 수 있다고 생각했어요. 그래서 그는 할아버지가 처음에 한 말은 **참도 거짓도 아니**라고 주장했어요. 요컨대 왜 모든 문장이 반드시 참 또는 거짓이어야 한다는 걸까요?

"할아버지, 할아버지는 저를 속이려고 하고 있어요." 나그네는 말했어요. "할아버지가 말한 것은 분명히 참도 거짓도 아니에요."

"허허, 자네는 내 말이 참이라는 것도 참이 아니고, 참이 아니라
는 것도 참이 아니라고 주장하고 있어."

"정확하게 그래요."

"음. 그렇다면, 만약 내 말이 참이란 주장이 참이 아니라면, 내 말
은 참이 아니야."

나그네는 슬슬 골치가 아파지기 시작했어요. 할아버지는 계속해
서 말을 합니다. "그리고 만약 내 말이 참이 아니란 주장이 참이 아
니라면, 내 말은 참이야. 왜냐하면 내 말이 참이 아니라는 것이 바로
내 말이었기 때문이야."

나그네는 순간적으로 할아버지의 입을 막아버리고 싶은 충동을
느꼈어요.

"이제 알겠나?" 할아버지는 말합니다. "자네의 제안은 옳지 않
아. 다시 말해 내 말이 참도 거짓도 아니라는 것은 참이 아니야. 사
실, 내 말은 참이면서 동시에 참이 아니야!"

그런데 이것은 불가능한 것 아닌가요?

역설 2: 더미의 역설

'더미의 역설'(sorites paradox)이라는 고대의 역설은 두 가지 형
태로 제시됩니다.

⊙ 뚜비의 모래밭

뚜비는 모래밭에서 두꺼비집을 지으면서 놀고 있고, 나나는 옆에서 구경하고 있어요.

"뚜비야! 개미들이 네 모래알을 훔쳐서 개미집으로 계속 가져가고 있어."

뚜비는 개미의 행렬을 살펴봅니다. 개미들이 모래더미로 와서 턱 사이에 모래알을 하나 낀 채 개미집으로 줄을 지어 옮겨가고 있어요.

뚜비는 그다지 신경쓰지 않는 것 같습니다.

"그렇지만, 개미들이 이 모래더미를 없앨 수는 없을 거야. 그렇지 않겠니?" 뚜비가 말합니다.

"왜 없어? 봐. 만약 개미들이 이 모래알을 하나씩 가져간다면, 결국 단 하나의 모래알만이 남게 될 거야. 그렇지? 일주일이 걸리든 한달이 걸리든, 결국 단 하나의 모래알만이 모래밭 바닥에 남게 될 거야. 그렇다면, 너는 더이상 모래더미를 가질 수 없게 되겠지. 안 그러니?" 나나가 말합니다.

뚜비는 머리를 긁적거립니다. "어. 그런데 **모래알 하나를 치움으로써, 모래더미를 더미가 아닌 것으로 바꿀 수는 없어. 그렇지 않니?**"

"그래. 분명히 그렇게는 할 수 없지." 나나가 대답합니다. "가령 내가 1,000개의 모래알을 가지고 있는데, 거기에서 1개의 모래알을 치운다면, 999개의 모래알이 남겠지. 따라서 나는 여전히 모래더미를 가지고 있게 돼. 맞니?"

"맞아!" 뚜비가 말합니다. "그렇다면, 개미들이 아무리 많은 모래알을 가져가버린다고 해도, 개미들은 결코 모래더미를 더미가 아닌 것으로 바꿀 수는 없을 거야."

나나는 뚜비가 무슨 소리를 하는지 어리둥절합니다. "네 말이 참이라면, 단 하나의 모래알도 더미라는 말이니?"

"정확하게 바로 그래!" 뚜비가 말한다. "사실, 심지어 모래알이 하나도 없어도 더미라고 해야 돼!"

그런데 모래알이 하나도 없어도 더미라는 말은 분명히 거짓이에요. 그렇다면 뚜비는 어디에서 틀린 걸까요?

◉ 머털도사가 대머리가 되는 싯점

머털도사는 절망적인 기분으로 욕실에 있는 거울을 들여다보고 있습니다. 작은 손거울을 머리 뒤쪽에 대고 이리저리 돌려보고 있어요.

"으악, 머리카락이 또 하나 빠졌어!" 그는 몹시 우울한 목소리로 내뱉습니다.

"걱정하지 마." 요괴가 대답합니다. "머리카락 하나를 잃었다고 해서 대머리가 아닌 상태에서 대머리인 상태로 변하지는 않아. 그렇지 않니?"

"그런 것 같은데." 머털도사가 대답합니다.

"그렇고말고. 너는 아직은 대머리가 아니야." 요괴가 말하네요.

"나도 아직은 아니라고 생각해. 그런데, 잠깐만! 만약 네 말이 참이라면, 내 머리카락이 얼마나 많이 빠지든 간에 나는 결코 대머리가 되지 않아."

"잉? 무슨 소리야?"

"네 말에서 도출되는 결론이야. 모르겠어? 좋아. 설명해줄게. 내 머리에 현재 정확하게 100만개의

이상하군. 마지막 머리카락을 뽑았는데도 대머리가 되지 않았어!

역설 paradox 2

머리카락이 있다고 가정해봐. 나는 지금 대머리가 아니야. 만약 머리카락 하나가 빠진다면, 그래도 나는 여전히 대머리가 아니야. 왜냐하면 네가 말한 것처럼 머리카락 하나를 제거한다고 해서 대머리가 아닌 상태에서 대머리인 상태로 변하지는 않기 때문이야. 이제 또 머리카락 하나를 제거해봐. 그래도 나는 여전히 대머리가 아니야. 이런 식으로 하나도 남지 않을 때까지 머리카락을 계속 하나씩 제거해봐. 그래도 나는 여전히 대머리가 아닐 거야! 앗! 그런데 나는 분명히 대머리가 될 텐데. 그렇다면 머리카락 하나를 제거한다고 해서 대머리가 아닌 상태에서 대머리인 상태로 변하지 않는다는 원리는 거짓임에 틀림없다는 결론이 도출돼!"

"너 미쳤구나!"

"그렇지만 그런 결론이 나와. 사실, **머리카락 하나가 빠짐으로써** 내가 대머리가 아닌 상태에서 대머리인 상태로 변하는 어떤 지점이 반드시 있어야만 해."

"뭐라고? 그런 바보 같은 말이 어디 있어? 대머리와 대머리 아닌 것 사이의 경계를 표시하는 정확한 머리카락 수 따위는 존재하지 않아."

"그렇지만 있어야만 해!"

"그렇다면 도대체 그 수가 **몇** 개라는 거니?"

"나도 몰라! 대충 1만 27개쯤 되려나? 아니면 799개인가? 하여튼 그러한 숫자가 있어야만 해!"

"바보 같은 소리 좀 작작 해!"

"그것은 참이어야만 해. 사실, 방금 빠진 머리카락이 나를 대머리로 변하게 만든 그 머리카락일 수도 있어."

역설 3: 잘난 척하는 이발사

효자동의 이발사인 한모는 성공한 것을 몹시 자랑스러워하며 뽐내고 다닙니다. "민자씨도 잘 알겠지만, 나는 여기 효자동에서 스스로 면도를 하지 않는 **모든** 사람들, 그리고 오직 그 사람들만을 면도해주는 이발사라오."

"나는 그 말을 믿을 수 없어요." 민자가 말합니다.

"왜 그렇소?"

"음. 한모씨는 스스로 면도해요? 만약 스스로 면도한다면, 당신의 말에 따르면 당신은 자신을 면도해주지 않아요. 왜냐하면 한모씨는 스스로 면도하지 않는 (모든 사람들과 오직 그) **사람들만을** 면도해준다고 말했으니, 당신의 말에 따르면 당신은 자기 자신을 면도해주지 않아야 해요. 맞아요?"

"그렇긴 하오. 하지만 내가 스스로 면도하지 않는다고 말한다면 어떻소? 민자씨가 나를 면도해준다면 어떤가, 이 말이오."

"음. 만약 한모씨가 스스로 면도하지 않는다면, 한모씨의 말에 따르면 당신은 자신을 면도해준다는 결론이 나오네요. 왜냐하면 한모씨는 스스로 면도하지 않는 **모든** 사람들을 (그리고 오직 그 사람들만을) 면도해준다고 했으니까요. 그렇지 않아요?"

"어. 그렇게 되는구려."

그렇다면 과연 효자동 이발사 한모는 스스로 면도하지 않는 모든 사람들, 그리고 오직 그 사람들만을 면도해주는 것일까요? 그렇지 않은 것일까요?

역설 4: 아킬레스와 거북이

아킬레스는 큰 오토바이를 타고 있어요. 거북이는 작은 스쿠터를 타고 있지요. 둘은 경주를 하기로 했어요. 그런데 큰 오토바이는 작은 스쿠터보다 훨씬 빠르기 때문에, 거북이가 저 앞쪽에서 출발하기로 했어요.

아킬레스는 A에서 출발합니다. 거북이는 B에서 출발하고요. 아킬레스가 열심히 달려 B에 도착할 무렵, 거북이는 조금 앞으로 움직여 C에 도착합니다. 아킬레스가 C에 도착할 때, 거북이는 D에 도착하지요. 아킬레스가 열심히 달려 자신이 있던 자리와 거북이가 있던 자리 사이의 간격을 메우는 순간, 거북이는 약간 앞으로 움직여나갑니다. 아킬레스가 마침내 거북이를 따라잡기까지 좁혀야 할 간격은 무한하게 존재합니다. 그런데 우리는 결코 무한한 수의 간격을 가로질러 갈 수는 없어요. 왜냐하면 우리가 아무리 많은 수의 간격을 가로질러 간다고 해도, 거쳐서 가야 할 무한한 수의 간격이 언제나 존재하기 때문이지요. 최후의 간격은 없습니다. 따라서 아킬레

이 알쏭달쏭한 논리는 '제논의 역설'이라고도 불립니다.

스는 결코 거북이를 따라잡을 수 없지요.

그렇지만, 아킬레스는 물론 거북이를 따라잡을 수 있어요. 어떻게 된 것일까요?

역설 5: '모든 까마귀는 검다'

훈이는 과학자인 김박사에게 과학자들이 무슨 일을 하는지에 대해 묻고 있어요.

훈이 ─ 과학자들은 어떤 일을 합니까?

김박사 ─ 음. 과학자들은 이론을 구성하고 관찰해서 그것을 입증하는 작업을 하네.

훈이 ─ 예를 좀 들어주시겠습니까?

김박사 ─ 좋아. '모든 까마귀는 검다'라는 일반화를 생각해보게. 그런데 **모든 일반화는 사례에 의해 입증되지.** 예를 들어, 검은 까마귀 한 마리를 관찰했다면, 이것은 '모든 까마귀는 검다'라는 일반화의 한 사례가 되고, 따라서 그 일반화를 입증하게 되네. 각각의 검은 까마귀는 '모든 까마귀는 검다'라는 가설을 조금씩 더 입증해가네.

훈이 ─ 알겠습니다. 그런데 '만약 두 가설이 논리적으로 동치(同値)라면, 어느 한 가설을 입증하는 것은 다른 가설도 입증해야만 한다'는 점은 참이겠지요?

김박사 ─ 물론 틀림없이 참이네. 논리적으로 동치인 가설들은 실제로 동일한 사태에 대해 서로 다른 방식으로 말하는 것일 뿐이

● 두 명제 A와 B가 논리적 동치라는 말은, A가 참이면 B도 항상 참이고 B가 참이면 A도 항상 참이란 뜻이에요.

272

> 그래, 저기 선인장이 푸르니까 모두 까마귀는 검은 색이야!

네. 따라서 한 가설을 입증하는 것은 다른 가설도 입증해야만 해.

훈이 ― 알겠습니다. 그런데 '모든 까마귀는 검다'라는 가설과 '모든 검지 않은 것은 까마귀가 아니다'라는 가설은 논리적으로 동치이지 않습니까?

김박사 ― 그렇지. 요컨대 두 가설은 동일한 사태에 대해 말하고 있어.

훈이 ― 그렇다면 만약 모든 일반화가 사례에 의해 입증된다면, 검지 않으면서 까마귀가 아닌 어떤 것은 결국 '모든 검지 않은 것은 까마귀가 아니다'라는 가설을 입증할 것입니다. 맞습니까?

김박사 ― 그래. 맞아.

훈이 ― 그렇다면 검지 않으면서 까마귀가 아닌 것은, '모든 까마귀는 검다'라는 가설도 입증합니다. 맞습니까?

김박사 ― 음. 그것도 그렇겠군.

훈이 ― 그렇다면, 흰 신발, 빨간 사과, 푸른 바다 등은 검지 않으면서 까마귀가 아닌 것들이므로, '모든 까마귀는 검다'라는 가설을 입증하겠군요?

김박사 ― 그건 말도 안되는 소리야!

훈이 ― 그렇지만, 이 **결론**은 박사님께서 이미 동의하신 의견에 따라 도출된 겁니다. 녹색 선인장도 '모든 까마귀는 검다'라는 가설을 입증하고 있습니다.

훈이가 옳아요. 만약 김박사가 동의했던 모든 의견이 올바르다면, 녹색 선인장도 실제로 '모든 까마귀는 검다'라는 가설을 입증합니다. 그런데 이건 불합리하지 않나요?

역설 6: 예상치 못한 시험

선생님이 학생들에게 다음주중에 시험을 치겠다고 말했어요. 그날이 언제인지는 말하지 않았지요. 이번 시험은 예상치 못한 가운데 치러질 겁니다.

과연 그럴까요?

금요일에 시험을 치를 수 있을까요? 그럴 수 없어요. 만약 금요일에 시험을 치른다면, 학생들은 금요일 아침에 이미 예상하고 있을 겁니다. 목요일까지 시험이 없었기 때문이죠.

목요일은 어떤가요? 학생들은 이미 금요일에는 시험이 치러질 수 없다는 점을 알기 때문에, 만약 선생님이 목요일까지 시험을 미룬다면, 학생들은 시험을 예상할 수 있을 겁니다. 따라서 목요일도 역시 제외되지요.

수요일은 어떤가요? 수요일 역시 제외됩니다. 학생들은 시험이 목요일 또는 금요일에는 치러질 수 없음을 알고 있기 때문에, 만약 선생님이 수요일까지 시험을 미룬다면, 역시 시험을 예상할 수 있을 겁니다.

그렇다면 같은 이유로 화요일과 월요일 역시 제외됩니다.

요컨대 선생님은 예상치 못한 시험을 낼 수

없지요.

그런데 선생님은 그렇게 할 수 있어요. 그렇지 않나요?

역설 7: '싼타클로스는 없다'

악동이는 국어문법책을 공부하고 있어요.

"아빠! 이름은 사람들과 다른 사물들을 표시하기 위해 사용되는 거죠?"

"응. 그래. 한 문장 안에서 이름이 하는 일은, 어떤 사람이나 어떤 사물에 대해서 무엇인가를 계속해서 말할 수 있도록 하기 위해, 그 사람이나 사물을 지칭하는 거야."

"알겠어요. 그럼 제가 '희동이는 키가 작아'라고 말하면, '희동이'라는 이름이 지칭하는 사람이 키가 작다는 속성을 가지고 있을 때는, 제 말이 참이 되고, 그렇지 않을 때는 거짓이 되는 건가요?"

"그래. 참 잘 이해하고 있구나!"

"그런데 잠깐만 기다려보세요. 어제 아빠는 제게 '싼타클로스는 없다'고 말씀하셨어요. 그렇죠?"

"응. 그렇게 말했지."

"그럼, 아빠가 말씀하신 것은 참이죠?"

"물론."

"그런데 그것이 어떻게 참일 수 있죠? 아빠는 한 문장 안에서 이름이 하는 일은, 어떤 대상에 대해서 무엇인가를 계속해서 말할 수 있도록 하기 위해 그 대상을 지칭하는 것이라고 말씀하셨어요. 그런데 '싼타클로스'라는 이름은 그 누구도 지칭하고 있지 않아요. 그

산타클로스는
존재하는가?

렇지 않나요?"

"그래. 아무도 지칭하고 있지 않아."

"그렇다면 '싼타클로스'는 그 문장 안에서 아무 일도 할 수가 없어요. 그렇죠? 그렇다면 '싼타클로스는 없다'는 문장은 참일 수가 없어요. 그렇지 않나요?"

"으음. 그렇겠구나."

"그런데도 아빠는 방금 전에 그 문장이 **참**이라고 말씀하셨어요."

악동이는 아주 좋은 질문을 했어요. 만약 '싼타클로스'라는 이름이 어떤 문장 안에서 무엇인가를 지칭하는 것이라면, '싼타클로스는 없다'라는 문장이 어떻게 참일 수 있을까요?

역설을 해결하기 위한 일반적인 조언

역설을 해결하기 위한 힌트를 주겠습니다. 이 글에서 소개된 모든 역설은 **논증**의 형식을 띠고 있어요. 하나의 논증은 하나 또는 그 이상의 주장이나 **전제**, 그리고 하나의 **결론**으로 구성되어 있지요. 전제는 결론을 **뒷받침**할 것으로 기대됩니다.

제시된 논증들이 역설인 까닭은, 전제들은 받아들일 만하고 추론도 적절한 설득력을 갖추고 있는데, 결론을 받아들이기가 힘들기 때문이에요.

이러한 역설과 마주칠 때, 여러분에게는 언제나 세 가지 선택시가 있어요.

- 논증의 전제 중 적어도 하나 또는 그 이상이, 참인 것 같지만 거짓인 이유를 설명한다.
- 논증의 결론이 거짓인 것 같지만 참인 이유를 설명한다.
- 추론에서 논리적인 오류를 지적한다.

이런 일을 하기 전에, 여러분이 논증을 잘 파악하여 그것을 분명하게 밝히는 작업을 한다면 크게 도움이 됩니다. 그러나 이러한 작업이 말만큼 쉬운 일은 아니죠.

실례를 보여주기 위해, 뚜비의 모래밭에서 제시된 더미의 역설을 자세히 형식화해서 설명해줄게요(편의상 뚜비의 모래밭에는 10만개의 모래알로 구성된 모래더미가 있다고 가정할게요).

만약 n개의 모래알이 모래더미라면, n-1개의 모래알도 모래더미이다. 10만개의 모래알은 모래더미이다. 그러므로 9만 9,999개의 모래알도 모래더미이다.

이와 동일한 형식의 추론이 계속 반복됩니다(가운데 있는 전제와 결론에 나타나 있는 숫자를 한 번에 1씩 떨어뜨리는 거죠). 결국 0개의 모래알도 모래더미라는 결론에 도달하게 됩니다.

이 경우 다음과 같은 선택지가 있어요. ‘결론을 받아들인다’ 또는 ‘추론을 거부한다’ 또는 ‘전제 중 하나를 거부한다’의 세 가지죠.

지금부터 우리가 살펴본 일곱 가지 역설들에 대한 간단한 해설과 묘책을 제시하겠습니다.

역설 1

이 역설이 어떻게 해결되어야 하는지에 대해 합의된 의견은 없어요. 아마도 여러분은 이 역설의 결론을 그냥 받아들이면서 다음과 같이 말하고 싶은 유혹에 빠질 수도 있어요. "좋아. 그렇다면 할아버지의 말은 모두 참이면서 동시에 참이 아니야. 그래. 그것은 모순이야. 그런데 모순을 허용한다고 해서 뭐가 문제지?"

이 전략은 유효하지 않습니다. 모순(모순에 빠지고 싶지는 않지만)을 허용하는 것에는 수많은 문제가 뒤따릅니다. 또한, 역설을 약간 고침으로써 모순을 허용하는 것이 전혀 도움이 되지 않는다는 걸 보여줄 수도 있어요.

그 방법을 한번 살펴봅시다. 접두사 '아니-'를 도입해보죠. '아니-P'는 'P'라는 용어가 적용되지 않는 모든 사물들, 그리고 오직 그 사물들에만 적용됩니다. 이것은 일종의 약정(約定)이에요. 예를 들어, '아니-까마귀'는 까마귀가 아닌 모든 사물들, 그리고 오직 그 사물들에만 적용되죠.

'이 문장은 아니-참이다'라는 문장을 봅시다. 이 문장은 참이면서 동시에 아니-참이라는 결론이 나옵니다. 그런데 우리는 방금 '아니-'를 정의할 때, **약정에 따라** 그 어떤 것도 참이면서 동시에 아니-참인 경우는 있을 수 없다고 정의했어요. 모순을 인정하는 것은 이러한 형태의 역설을 해결하는 데 아무런 도움도 되지 않아요.

역설 2

이번에도 마찬가지로, 이 역설을 해결하는 방법에 대해 일치된 의견은 없어요. 어떤 철학자들은 더미와 더미 아닌 것 사이의 경계를 정하는, 정확한 모래알 수가 존재해야만 한다고 주장해요. 따라시 모래알 하나를 제거함으로써 모래더미를 모래더미 아닌 것으로 변화시킬 수 없다는 주장은 참이 아니지요. 우리는 단지 그 정확한 수가 얼마인지 모르고 있을 뿐이에요.

그런데 정확한 경계선이 있다는 주장을 받아들이기란 여간 부담스러운 게 아니에요. 분명히, 그 개념이 무엇이며 경계선이 어디에 있는지를 결정하는 사람은 바로 **우리 자신**이에요. 그렇다면 우리가 가지고 있는 더미라는 개념이, 어떻게 우리가 알지도 못하는 정확한 경계선을 가지게 될 수 있을까요?

역설 3

이 역설은 해결하기가 비교적 쉬운 편이에요. 한모와 같은 사람, 즉 스스로 면도하지 않는 모든 사람들, 그리고 오직 그 사람들만을 면도해주는 이발사가 존재한다는 점을 부인하세요. 그렇게 하면, "한모는 스스로 면도하지 않는 모든 사람들, 그리고 오직 그 사람들만을 면도해준다"는 문장은 참도 거짓도 아니지요.

역설 4

이것과 비슷한 역설이 있어요.

운동은 불가능해요. 그 까닭은 다음과 같죠. 내가 1m를 움직이고 싶다고 가정합시다. 1m를 움직이기 위해서는, 그 거리의 반, 즉 1/2m를 움직여야만 해요. 그런데 내가 1/2m를 움직이기 위해서는, 다시 그 거리의 반, 즉 1/4m를 움직여야만 해요. 이런 식으로 무한하게 계속 진행될 수 있어요. 따라서 나는 1m를 움직이기 선에, 무한한 수의 운동을 해야만 해요. 그러나 나는 무한한 수의 운동을 할 수 없지요. 왜냐하면 무한한 수의 운동은 결코 완결될 수 없기 때문이에요. 그러므로 나는 1m를 움직일 수 없어요(심지어 아주 짧은 거리조차 움직일 수 없어요).

역설 5

이 역설과 관련한 가장 인기있는 전략 중의 하나는, 모든 일반화는 사례에 의해 입증된다는 원리를 부인하는 겁니다. 사실, 이 원리에 대한 반례가 존재하죠. '모든 뱀은 아일랜드 밖에서 서식한다'는 일반화를 예로 들어보죠. 이 일반화의 사례로는 다음과 같은 것이 있을 거예요. '프레드는 뱀이고, 프레드는 아일랜드 밖에서 서식한다.' 우리가 이런 사례들을 더 많이 축적하면 할수록, 즉 우리가 아일랜드 밖에서 더 많은 뱀을 관찰하면 할수록, 아일랜드 안에서도 뱀이 존재할 가능성은 더 높아집니다. 따라서 뱀에 대한 이 일반화는 실제로는 그 사례에 의해 반증되고 있어요!

역설 6

이 역설이 성립하도록 하기 위해서는 두 가지 사실을 먼저 가정해야만 해요. 첫번째, 학생들은 시험이 치러질 것이라는 점을 거의 확신할 수 있어야 하지요(만약 그렇지 않다면, 심지어 금요일에조차 시험은 예상치 못한 가운데 시행될 수 있어요. 학생들은 선생님이 예상치 못한 날에 시험을 보겠다는 약속을 전혀 잊지 않고 있는데도, 선생님이 시험에 대해 완전히 잊어버렸다고 믿을 수도 있어요). 두번째, 학생들은 합리적이며 또한 기억력이 좋아야 해요(학생들은 예상치 못한 가운데 시험이 치러질 것이라는 점을 잊어서도 혼동해서도 안됩니다).

역설 7

이 역설은 계속해서 언어철학자들을 당황스럽게 만들어왔어요. '싼타클로스'라는 이름이 어떤 사람을 지칭하는 게 아니라, 단지 어떤 것, 즉 개념을 지칭한다고 주장해봐도 별 효과가 없어요. 왜냐하면 그런 주장에서는 다음과 같은 점이 결론으로 나올 수 있기 때문이지요. 즉 싼타클로스라는 개념은 존재하므로, '싼타클로스는 없다'는 명제는 거짓이 될 겁니다.

　이 책은 영국의 젊은 철학자 스티븐 로(Stephen Law)의 *The Philosophy Gym: 25 Short Adventures in Thinking*을 번역한 것입니다. 번역서의 제목을 '철학학교'로 붙이긴 했지만, 원제목에 있는 'Gym'은 학교라기보다는 철학적으로 생각하는 법을 '갈고 닦는 곳'에 가깝습니다. 철학적 생각 훈련소라고나 할까요? 이 책은 우리가 지금껏 보아왔던 전통적 철학입문서와는 상당히 다른 방식으로 꾸며져 있습니다. 추상적이고 심오한 주제에 대해 이름 높은 철학자들의 이해하기 힘든 고견들에 대한 해설이 나열되어 있는 게 아니라, 구체적이고 특정한 주제에 대해 뚜렷한 주장과 근거 있는 논증들이 분명하고 체계적으로 제시되어 있습니다. 아울러 우리가 한 번쯤은 생각해보았음 직한 흥미로운 주제들을 아주 쉽고 재미있게 다루고 있지요. 그래서 이 책은 철학적 교양뿐만 아니라 제시된 주제에 대해 철학적으로 생각해봄으로써 여러분이 논리적·비판적·합리적·체계적 사고능력을 키우는 데 도움을 줄 것입니다.

　'철학'이라고 하면 '지혜에 대한 사랑'이란 '정의'가 생각나기도 하고, 뭔가 신비스럽고 어려운 주제에 대해 이해하기 어려운 주상들이 난무하는 '심오한' 학문을 가리키는 것 같기도 합니다. 전문석인 학문활동으로서 철학은 물리학이나 생물학 등과 마찬가지로 매우 어려운 게 사실입니다. 전문적인 철학은 그 주장과 근거가 보통사람의 생각과 지식으로는 도저히 따라갈 수 없을 정도로 복잡하고 심오한 수준에서 전개되기 때문이지요. 그런데 철학의 가장 기본적인 활동방식은 매우 간단합니다. 그것은 주어진 문제에 대해 구체적인 주장과 그 주장에 대한 합리적인 근거들을 제시하고, 또 제시된 근거들이 주장을 올바르게 지지하는지 따져보는 것입니다. 이런 활동은 아주 전문적인 영역에서도, 일상적인 문제에 대한 토론에서도 가장 기본이 되는 철학하는 방식입니다.

이 책은 철학의 이런 기본적인 활동의 훌륭한 본보기를 제공하고 있습니다. 각 장은 독립된 주제나 문제를 다루고 있습니다. 각 장에는 주어진 주제나 문제에 대해 특정한 주장이나 입장과 그것을 지지하기 위한 근거들이 나와 있습니다. 여러분은 주장과 근거들을 살펴보면서, 과연 제기된 주장이 문제에 대한 올바른 해결책이 되는지, 제시된 근거가 주장을 제대로 지지하는지 혹은 근거가 불충분한 것은 아닌지를 비판적으로 검토해볼 수 있을 겁니다. 아울러 반대주장이 가능한 것은 아닌지, 그렇다면 제안한 반대주장을 지지하는 근거를 어떻게 제시할 수 있을지를 궁리해볼 수도 있겠지요. 그러다보면 여러분은 어느새 주어진 주제에 대해 자신의 주장과 그 주장에 대한 합리적인 근거를 제시할 수 있는 능력을 기르게 될 것입니다.

책을 읽다보면 제시된 주장과 근거들이 '도저히 이해가 안된다' '황당하다' '마음에 들지 않는다' 등으로 느껴지는 경우가 더러 있을 겁니다. 철학적 문세들에 대해 제시뭔 주장과 ᆫ거는 보통사람들이 생각하기 매우 어려운 것들인 경우가 많습니다. 이런 경우에도 '철학은 엉터리다'라고 섣불리 판단해서는 안됩니다. 또 그런 주장과 근거를 스스로 생각해내지 못했다고 해서 자신에게는 철학적 소질이 없다고 한탄할 필요도 없습니다. 이 책에 소개된 철학적 문제·주장·근거 등은 인류역사상 가장 뛰어난 철학자들이 수천년에 걸쳐 개발해온 것일 경우가 많다는 점을 염두에 두세요(물론 여러분이 이 책에 소개된 내용과 비슷한 생각을 해보았다면 여러분은 상당한 철학적 소질을 가지고 있을 가능성이 있습니다). 중요한 것은 주어진 문제와 주장 그리고 근거 등이 '도저히 이해가 안된다'거나 '황당하다'거나 '마음에 들지 않는' 경우라도, 일단 그 주장과 근거와 그것들의 지지관계들을 명료하고 분명하게 이해하도록 노력해야 한다는 점입니다.

이 책은 원서의 분량을 감안해 두 권으로 나누었습니다. 원서의 1장에서 12장까지를 묶어 1권으로, 13장에서 25장까지를 묶어 2권으로 펴냈지요. 각 권은 독립된 주제를 다룬 독립된 장으로 구성되어 있습니다. 주제들의 관련성은 각 장의 '생각 넓히기'에 나와 있습니다. 이를 참고해 마치 '어드벤처게임'처럼 이곳저곳을 찾아다니며 읽어보아도 재미있을 거라고 생각합니다. 아울러 각 장에서 다루는 주제들은 난이도가 약간씩 다릅니다. 어떤 장에서 다루는 주제는 좀더 이해하기가 쉽고 또다른 장의 주제는 더 어려울 수도 있습니다. 먼저 쉽고 흥미있는 장부터 읽으세요. 읽어가다 막히면 친구나, 선생님께 묻거나 토론해보기도 하세요. 옮긴이에게 묻는 것도 환영이지요. 한 장 한 장 차근차근 읽다보면(읽는 순서는 아무래도 괜찮아요), 어느새 여러분은 상당한 철학적 경지에 도달해 있을 것입니다.

이 책의 삽화는 김태권 선생님이 새로 그린 것입니다. 더 재미있고 즐겁게 철학에 다가설 수 있도록 삽화의 내용을 원서보다 풍부하게 꾸몄지요. 어떤 삽화들은 단지 본문의 이해를 돕기 위해서 제시했습니다. 어떤 삽화들은 본문의 내용과 관련된 철학적·철학사적 지식에 대해 넌지시 말하기도 합니다. 또 어떤 삽화들은 본문의 내용에 대한 이해와 통찰을 바탕으로 새로운 문제에 대해 생각해볼 것을 요구하기도 합니다. 만약 여러분이 제시된 문제와 그에 대한 철학적 사유에 집중하고자 한다면, 일단 본문의 내용을 집중해 읽어보세요. 내용을 이해한 후 삽화를 다시 살펴보면, 아마 또다른 독서의 즐거움을 누리게 될 것입니다.

이 책이 씌어진 목적은 어떤 이론들을 전달해 독자들을 이해시키는 것이 아니라, 철학적 주제에 대해 여러분이 직접 생각해보도록 하는 것입니다. 이런 의도를 감안해 용어와 문장은 가급적 자연스럽게 옮기려고 했습니다. 물론 학계에서 굳어진 채 사용하는 전문용어는 관례에 따랐습니다. 낯선 전문용어에 대해서는 옮긴이주를 달아 따로 설명하기도 했지요. 또 등장인물·대화·상황 등 많은 내용을 우리 실정에 맞춰 의역(意譯)하였습니다.

이 책은 상당히 좋은 철학입문서입니다. 주제·내용·구성 등 여러 면에서 매우 훌륭합니다. 전문적인 철학적 훈련을 전혀 받지 않은 사람들도 이 책을 읽음으로써, 철학이 무엇인지, 철학적으로 생각한다는 것이 무엇인지를 잘 알 수 있게 될 거라고 믿습니다. 이렇게 좋은 책을 소개하게 되어 기쁘기도 하지만, 번역과 편집작업에 더 많은 시간과 노력을 기울였더라면 하는 아쉬움도 남습니다.

여러분과 이 책에서 다 나누지 못한 대화를 온라인에서 하기 위해 『철학학교』 독서게시판을 운영할 것입니다. 홈페이지에서는 각 장의 주제에 대한 심화된 읽을거리나 참고문헌, 각 장의 논점과 내용에 대한 정리, 그밖에 도움이 될 만한 내용을 정리하여 제공하려고 합니다. 여러분들이 책을 읽으면서 궁금했던 점이나 의문점, 그리고 감상이나 지적할 내용 등을 남기시면 답변이나 안내말씀을 드리겠습니다. 그밖에 철학과 관련된 여러가지 질문과 대답 그리고 토론을 함께하고자 하는 분들의 방문도 환영합니다. 홈페이지 주소는 www.haphil.com이에요.

이 책을 펴내는 과정에서 많은 분들의 도움을 받았습니다. 번역 원고를 읽고 내용 교정을 해준 한성일·백승환 학형께 감사의 말씀을 드립니다. 그리고 열과 성을 다한 창비의 편집진께도 감사의 인사를 드려야겠습니다. 아울러 추천사를 써주신 김기현 교수님께도 감사의 말씀을 올립니다. 끝으로 여러분들이 이 책을 통해 '철학적으로 생각하기'라는 지적 경험을 맛봄으로써 철학과 한층 더 가까워지는 계기가 되길 바랍니다.

2004년 6월 옮긴이